ESV
ERICH
SCHMIDT
VERLAG
100 Jahre

AF568407

Beratungsrisiken bei der Überschuldungsfeststellung

Praxishinweise für Steuerberatung und Wirtschaftsprüfung zur Vermeidung von Anfechtungs- und Schadensersatzszenarien

Von

Thomas Uppenbrink

Sebastian Frank

2., neu bearbeitete Auflage

ERICH SCHMIDT VERLAG

Bibliografische Information der Deutschen Nationalbibliothek
Die Deutsche Nationalbibliothek verzeichnet diese Publikation in der Deutschen Nationalbibliografie; detaillierte bibliografische Daten sind im Internet über http://dnb.dnb.de abrufbar.

Weitere Informationen zu diesem Titel finden Sie im Internet unter
https://ESV.info/978-3-503-23838-5

Zitiervorschlag:
Uppenbrink/Frank, Beratungsrisiken bei der Überschuldungsfeststellung, 2. Aufl. 2024

1. Auflage 2021
2. Auflage 2024

ISBN 978-3-503-23838-5 (gedrucktes Werk)
ISBN 978-3-503-23839-2 (eBook)
DOI https://doi.org/10.37307/b.978-3-503-23839-2

www.ESV.info

Druck: docupoint, Barleben

Vorwort

Die Inhalte dieses Buches sind auch drei Jahre nach Veröffentlichung der 1. Auflage von großer Bedeutung für die steuerberatenden und wirtschaftsprüfenden Berufe bei der Bearbeitung von Krisenmandaten, ausgelöst durch das BGH-Urteil vom 26.01.2017 (IX ZR 285/14), das durch eine Gesetzesänderung zu Beginn des Jahres 2021 in § 102 StaRUG verankert wurde. Unser Tagesgeschäft hat in den letzten Jahren verschiedene Themenschwerpunkte bei der Beratung krisenbehafteter Mandate gezeigt, deren Behandlung wir nun in diese 2. Auflage mit aufgenommen haben, um die steuerberatenden und wirtschaftsprüfenden Berufsgruppen weiter zu sensibilisieren.

Diese Themenschwerpunkte umfassen die gesetzliche Pflicht zur Implementierung von Krisenfrühwarnsystemen, die Schwierigkeiten der krisenbehafteten Mandantin die vorliegenden Probleme entsprechend zu vermitteln, den Umgang mit Fortbestehensprognosen und die Haftungsfallen, die sich aus einer zu späten Erstellung ergeben können, sowie Pensionszusagen als Insolvenzantragsrisiko, die immer häufiger zur bilanziellen Überschuldung von Kapitalgesellschaften beitragen, da sich Zinsniveau und die allgemeine wirtschaftliche Situation verändert haben.

Das Buch soll weiterhin das Bewusstsein von Steuerberaterinnen und Steuerberatern sowie Wirtschaftsprüferinnen und Wirtschaftsprüfern entsprechend schärfen, damit die laufende Beratung und Betreuung im Rahmen von Jahresabschlusserstellung bei bilanziell überschuldeten Unternehmen eben nicht zu strafrechtlichen Konsequenzen, Anfechtungsszenarien und/oder Schadensersatzforderungen führt.

Im Mittelpunkt des Buches steht deshalb auf der einen Seite die grundsätzliche Verantwortung der Beraterinnen und Berater gegenüber der Mandantschaft und auf der anderen Seite der Selbstschutz der beratenden Personen.

Das Buch richtet sich im Grundsatz an die steuerberatenden und wirtschaftsprüfenden Berufsgruppen und soll Fragen aus dem Tagesgeschäft im Umgang mit den in Schwierigkeiten befindlichen Mandantinnen und Mandanten praxisnah und ohne zu viel rechtliche Tiefe würdigen.

Hagen, im Januar 2024

Thomas Uppenbrink
Sebastian Frank

Inhaltsverzeichnis

Abkürzungsverzeichnis

Abs.	Absatz
BGB	Bürgerliches Gesetzbuch
BGH	Bundesgerichtshof
BGHZ	Entscheidungen des Bundesgerichtshofes in Zivilsachen
BWA	Betriebswirtschaftliche Auswertung
bzgl.	bezüglich
bzw.	beziehungsweise
d. h.	das heißt
DSGVO	Datenschutz-Grundverordnung
ESUG	Gesetz zur weiteren Erleichterung der Sanierung von Unternehmen
etc.	et cetera
ff.	die folgenden
FMStG	Finanzmarktstabilisierungsgesetz
gem.	gemäß
ggfs.	gegebenenfalls
GmbH	Gesellschaft mit beschränkter Haftung
GmbH& Co. KG	Gesellschaft mit beschränkter Haftung & Compagnie Kommanditgesellschaft
GoB	Grundsätze ordnungsgemäßer Buchführung
grds.	grundsätzlich
GuV	Gewinn- und Verlustrechnung
HGB	Handelsgesetzbuch
i. d. R.	in der Regel
i. S. d.	im Sinne des
i. V. m.	in Verbindung mit
IDW	Institut der Wirtschaftsprüfer in Deutschland e. V.
inkl.	inklusive
insb.	insbesondere
InsO	Insolvenzordnung
KMU	kleine und mittelständische Unternehmen
MaRisk	Mindestanforderungen an das Risikomanagement (BA)
o. g.	oben genannte(n)
OP-Liste	offene Posten Liste
s. o.	siehe oben
sog.	sogenannte(n)

StaRUG	Gesetz über den Stabilisierungs- und Restrukturierungsrahmen für Unternehmen
Stbg.	Die Steuerberatung (Fachzeitschrift und gleichzeitig Organ des Deutschen Steuerberaterverbandes e. V.)
SuSa	Summen- und Saldenliste
u. a.	unter anderem
usw.	und so weiter
vgl.	vergleiche
WM	Zeitschrift für Wirtschafts- und Bankrecht
z. B.	zum Beispiel
ZIP	Zeitschrift für Wirtschaftsrecht

Einleitung

Die Auswirkungen des BGH-Urteils vom 26.01.2017 und des seit Anfang 2021 geltenden StaRUG (Gesetz über den Stabilisierungs- und Restrukturierungsrahmen für Unternehmen) auf die steuerberatenden und wirtschaftsprüfenden Berufsgruppen sind immens und werden dabei leider immer noch viel zu häufig von den betroffenen beratenden Personen ignoriert. 1

Waren die Aufgabenbereiche und daraus resultierenden Pflichten der steuerberatenden und wirtschaftsprüfenden Berufe bei der Beratung in der Vergangenheit immer etwas undurchsichtig und durch Auslegung geprägt, hat der BGH mit seinem Urteil vom 26.01.2017 – IX ZR 285/14 – ein sehr deutliche Richtung vorgegeben, dessen prägender Leitsatz des Urteils, nämlich die Hinweis- und Warnpflicht der Beraterin bzw. des Beraters, seit Beginn des Jahres 2021 im § 102 StaRUG festgeschrieben wurde. 2

Im Urteil heißt es, dass Steuerberaterinnen und Steuerberater bei Feststellung einer buchmäßigen Überschuldung die Aufgabe einer sachverständigen Person zu übernehmen und die Geschäftsführung aufzufordern hat, eine positive Fortbestehensprognose vorzulegen. Neben der Forderung einer Fortbestehensprognose hat die beratende Person weiter die Pflicht, die unterjährige Kapitalentwicklung der Mandantin zu beachten und gegebenenfalls Maßnahmen zu empfehlen, falls eine Schieflage zu erkennen ist. Dabei wird dann auch von der beratenden Person erwartet, dass sie Hilfestellung bei Unternehmenssanierung, insbesondere bei der Aufstellung von betriebswirtschaftlichen Auswertungen und Handelsbilanzen, anbietet. 3

Dieses Urteil und der daraus entstandene § 102 StaRUG werden zwar durchaus intensiv besprochen und auch regelmäßig in der Fachpresse diskutiert, sind jedoch im Handeln der steuerberatenden und wirtschaftsprüfenden Berufe immer noch nicht wirklich präsent, jedenfalls nicht in dem Maße gewürdigt, wie es zu erwarten wäre. 4

Auch die in der Literatur und in den Fachzeitschriften immer wieder vorliegende Verwechslung der Termini „Fortbestehensprognose“ und „Fortführungsprognose“ stiftet bei der Behandlung der Thematik oftmals unnötige Verwirrung. 5

Besonders zu beachten ist, dass Steuerberaterinnen und Steuerberater laufende Mandate keinesfalls ohne Reaktion weiter begleiten dürfen, wenn bei der Bearbeitung des Mandats zu erkennen ist, dass eine Überschuldung oder Zahlungsunfähigkeit vorliegt. 6

Die Vernachlässigung der Warn- und Hinweispflichten kann schmerzliche zivilrechtliche Schadenersatzansprüche gegen die Beraterinnen und Berater auslösen. Weiterhin besteht die Möglichkeit einer strafrechtlichen Haftung und der Anfechtung von Honoraren durch eine spätere Insolvenzverwaltung. 7

Dies mittlerweile regelmäßig, da sich seit Einführung der gesetzlichen Grundlagen in 2021 die Leitsätze und Anfechtungsmöglichkeiten eben auch etabliert haben.

Die Basis dieser gesetzlichen Änderung bilden folgende Restrukturierungs-Richtlinien:

- Richtlinie (EU) 219/1023 des EU-Parlaments und des Rates vom 20.06.2019 über präventive Restrukturierungsmaßnahmen und
- Richtlinie (EU) 2017/1132 (Richtlinie über Restrukturierung und Insolvenz) und der ESUG-Evaluation des Gesetzes zur weiteren Erleichterung der Sanierung von Unternehmen vom 07.12.2017 (ESUG-BT-Drucks. 19/4880).

Diese EU-Richtlinien münden in Deutschland nun in das

- Unternehmensstabilisierungs- und restrukturierungsgesetz (StaRUG) und
- Sanierungs- und Insolvenzrechtsfortentwicklungsgesetz (SanInsFoG).

8 Die zweite Chance für Unternehmerinnen und Unternehmer tritt rückwirkend bereits zum 01.10.2020 in Kraft, während die Fortentwicklung des Sanierungs- und Insolvenzrechts (SanInsFoG) seit dem 01.01.2021 in Kraft getreten ist. Ausnahmen bilden lediglich die §§ 84–88 StaRUG (öffentliche Restrukturierungssachen) sowie Art. 7 des SanInsFoG (Änderungen der Verordnung zu öffentlichen Bekanntmachungen in Insolvenzverfahren im Internet).

Auch die Ergebnisse der ESUG-Evaluation flossen in das SanInsFoG ein.

9 Zusätzlich war die Corona-Pandemie ein Anstoß für eine rasche Vorstellung des Gesetzentwurfs. Die Sondersituation stellte für viele Unternehmen eine Herausforderung dar, die auch mit den gesetzlichen Änderungen verbessert werden sollte.

10 Dem StaRUG wurde für Unternehmen eine neue Möglichkeit geschaffen, sich außerhalb des Rahmens einer Insolvenz zu sanieren. Das StaRUG wurde im Zuge des SanInsFoG, welches weitere Gesetzesänderungen unter anderem auch in der InsO beinhaltet, eingeführt.

11 Kern des Verfahrens ist ein sogenannter Restrukturierungsplan, der im Aufbau einem Insolvenzplan ähnelt. Zur Begleitung des Verfahrens und zur Entwicklung des Planes ist in bestimmten Fällen die Unterstützung durch einen Restrukturierungsbeauftragten vorgesehen. Zusätzlich können Instrumente des Stabilisierungs- und Restrukturierungsrahmens als Hilfsmaßnahme beantragt werden.

12 Weiterhin ist es möglich, vor dem eigentlichen Stabilisierungs- und Restrukturierungsrahmen einen gerichtlich bestellten Sanierungsmoderator in Anspruch zu nehmen. Auch diese Person soll die Vermittlung zwischen Schuldnern und Gläubigern betreuen und abschließend einen Sanierungsvergleich ausarbeiten. Beide Verfahren sind jedoch nur Unternehmen zugänglich, die drohend zahlungsunfähig sind.

Für die Mitglieder der steuerberatenden und wirtschaftsprüfenden Berufe ergeben sich mit der Einführung des StaRUG deutliche Änderungen hinsichtlich ihrer Tätigkeiten und Verantwortungsbereiche und auch in der möglichen Haftung bei Schlecht- und/oder Falschberatung – hier hat der § 102 StaRUG eine explizite Relevanz. 13

Denn über den konkreten Mandatsgegenstand hinaus ist nun die Prüfungs- und Hinweispflicht durch die Einführung des SanInsFoG zum 01.01.2021 im Gesetz verankert.

In diesem Werk versuchen die Autoren daher prägnant und praxisbezogen auf diese Gefahren hinzuweisen und exkulpierende Handlungsempfehlungen zu geben. Zunächst werden die Problematiken des Überschuldungsbegriffes aufgegriffen, um nach kurzer historischer Aufarbeitung das BGH-Urteil vom 26.01.2017 – IX ZR 285/14 – und dessen weitreichende Konsequenzen zu schildern. 14

Neben dem Appell einer dringenden Änderung der Verhaltensweise der Steuerberaterinnen und Steuerberatern bei Feststellung einer buchmäßigen Überschuldung, werden noch Änderungen und Ergänzungen der vertraglichen Grundlagen der beauftragten Person diskutiert. 15

Die entstandenen Handlungszwänge und die daraus resultierenden Entscheidungen für die steuerberatenden Personen werden in der Hoffnung zu sensibilisieren ausführlich besprochen, um Handlungsalternativen aufzuzeigen, die von den Mitgliedern der steuerberatenden Berufe mit dem krisenbehafteten Unternehmen in solch einer kritischen Situation umgegangen werden sollte. 16

Es wird weiter auf sehr spezielle Probleme bei der Beratung eingegangen. Diese umfassen die gesetzliche Pflicht zur Implementierung von Krisenfrühwarnsystemen, die Schwierigkeiten der krisenbehafteten Mandantin die vorliegenden Probleme entsprechend zu vermitteln, den Umgang mit Fortbestehensprognosen und die Haftungsfallen, die sich aus einer zu späten Erstellung ergeben können, sowie Pensionszusagen als Insolvenzantragsrisiko. 17

Zuletzt wird auf das mittlerweile etablierte Prüfungsverhalten der Insolvenzverwalterinnen und Insolvenzverwalter hingewiesen, die regelmäßig versuchen, auf Basis des § 102 StaRUG im Rahmen von Anfechtung und der Ermittlung von Quotenschadenhaftung, die Mitglieder der steuerberatenden und wirtschaftsberatenden Berufe im Insolvenzfall in Anspruch zu nehmen. 18

1 Grundsätzliches zum Überschuldungsbegriff gem. § 19 InsO

Die aktuell gültige Überschuldungsdefinition galt grundsätzlich bereits im Geltungszeitraum der Konkursordnung und wurde durch die Fachliteratur sowie insbesondere die BGH-Entscheidung vom 13.07.1992 geprägt.[1] Mit Inkrafttreten der Insolvenzordnung (InsO) im Jahre 1999 änderte sich jedoch der Überschuldungsbegriff bereits grundlegend und wurde durch das Finanzmarktstabilisierungsgesetz (FMStG) am 17.10.2008 in der Insolvenzordnung in seiner jetzigen Fassung festgeschrieben. Eine nicht unerhebliche gesetzgeberische Absicht war seinerzeit, rein buchmäßig überschuldete Unternehmen während der damaligen Finanzmarktkrise nicht allein aus diesem Grund der Insolvenzantragspflicht auszusetzen, sofern sie denn betriebswirtschaftlich nachvollziehbar darlegen konnten, dass die Fortführung des Unternehmens nicht akut gefährdet war. 19

Ursprünglich war diese Überschuldungsdefinition bis zum 31.12.2010 befristet, wurde dann nochmals bis Ende 2013 verlängert und schließlich 2012 gänzlich entfristet, weil sie sich in der Praxis bewährt hatte. 20

1 Sog. „Dornier-Fall"; BGHZ 119, 201 (214).

2 Was sah die alte Rechtsprechung vor?

Steuerberaterinnen und Steuerberater waren bisher nicht verpflichtet, ihre Mandantinnen im Rahmen eines allgemeinen Steuerberatungsmandats üblichen Zuschnitts auf eine mögliche Insolvenzreife hinzuweisen. 21

Bei einer Unterdeckung in der Handelsbilanz bestand damit keine Hinweispflicht der beratenden Personen etwa gegenüber einer GmbH, dass deren Geschäftsführung eine Überprüfung der Insolvenzreife vornehmen bzw. beauftragen muss. 22

Es sei denn, Beraterinnen oder Berater waren ausdrücklich mit der Prüfung der Insolvenzreife beauftragt oder gaben von sich aus ungefragt Erklärungen dazu ab oder traten in Erörterungen darüber ein. 23

3 Das aufsehenerregende BGH-Urteil vom 26.01.2017 – IX ZR 285/14

3.1 Sachverhalt

Schuldnerin war in diesem Fall die H-GmbH, die den hier beklagten Steuerberater beauftragt hatte. Die Schuldnerin beauftragte den Steuerberater erstmalig im Jahr 2005 mit der Erstellung des Jahresabschlusses für das Jahr 2003. Der hierfür ausgehändigte Jahresabschluss für das Jahr 2002 wies dort bereits einen nicht durch Eigenkapital gedeckten Jahresfehlbetrag aus. 24

Es folgten weitere Einzelaufträge für die Erstellung von Jahresabschlüssen zwischen der H-GmbH und dem beklagten Steuerberater. Im Jahr 2007 erfolgte eine Kapitalerhöhung, die erstellten Jahresabschlüsse wiesen jeweils nicht durch Eigenkapital gedeckte Fehlbeträge aus. 25

Der beklagte Steuerberater wies dann im April und im August 2007 per Schreiben darauf hin, dass der Geschäftsführer der Schuldnerin verpflichtet sei, „regelmäßig die Zahlungsfähigkeit sowie die Vermögensverhältnisse der GmbH dahingehend zu überprüfen, ob die Zahlungsfähigkeit gewährleistet ist und dass keine Überschuldung vorliegt“. Auch auf einen Rückgang der Umsatzerlöse bei steigenden Personalkosten wurde im November 2007 durch den beklagten Steuerberater hingewiesen. 26

Dem beklagten Steuerberater wurde eine Mitteilung beigefügt, dass sich die Überschuldung durch den neuen Jahresfehlbetrag weiter erhöht habe. 27

Es folgte schließlich ein Eigenantrag auf Eröffnung des Regelinsolvenzverfahrens der Schuldnerin am 02.06.2009. Das Insolvenzverfahren wurde daraufhin am 15.06.2009 eröffnet und der Kläger als Insolvenzverwalter bestellt. 28

Der Kläger bezweifelte zurecht, dass die Insolvenzreife der Schuldnerin erst im Jahr 2009 eintrat, denn die Schuldnerin habe über keine stillen Reserven verfügt und sei daher vermutlich bereits 2002, spätestens aber Mitte 2005 bei Übernahme des ersten Auftrages durch den beklagten Steuerberater überschuldet und aufgrund damit einhergehender Kreditunwürdigkeit zahlungsunfähig gewesen. Seit 2006 wäre die Zahlungsfähigkeit der Schuldnerin zumindest als zweifelhaft anzusehen gewesen. 29

Der beklagte Steuerberater berief sich darauf, den Geschäftsführer der Schuldnerin bereits im Jahr 2005 genau darauf hingewiesen zu haben. Dieser habe erwidert, dass eine Kapitalerhöhung mit den Gesellschaftern besprochen worden sei, da ihm das Problem bereits bekannt gewesen sei. 30

3.2 Besonderheiten

31 In der Klage beantragte der Kläger festzustellen, dass der Beklagte (Steuerberater) sämtliche Schäden zu ersetzen habe, die seit dem 30.06.2005 durch die verschleppte Insolvenz der Schuldnerin entstanden sind.

32 Nachdem der Antrag bei den beiden Vorinstanzen als unbegründet zurückgewiesen wurde, folgte das aufsehenerregende Urteil des BGH vom 26.01.2017[2].

33 Wie bereits dargestellt, waren Steuerberaterinnen und Steuerberater nach der Rechtsprechung aus 2013 nicht verpflichtet, ihre Mandantinnen und Mandanten im Rahmen eines allgemeinen Steuerberatungsmandats üblichen Zuschnitts auf eine mögliche Insolvenzreife hinzuweisen.

34 Mit dem Urteil vom 26.01.2017 – IX ZR 285/14 – ist der BGH von dieser Rechtsprechung nach knapp vier Jahren wieder abgerückt und hat eine umfassende Prüfungs- und Hinweispflicht der steuerberatenden Personen bei Krisenmerkmalen klar bejaht.

35 Der BGH hat in nachfolgenden (ausgewählten) Leitsätzen klar entschieden:

> *„1. Besteht für eine Kapitalgesellschaft ein Insolvenzgrund, scheidet eine Bilanzierung nach Fortführungswerten aus, wenn innerhalb des Prognosezeitraums damit zu rechnen ist, dass das Unternehmen noch vor dem Insolvenzantrag, im Eröffnungsverfahren oder alsbald nach Insolvenzeröffnung stillgelegt werden wird."*
>
> *„2a. Der mit der Erstellung eines Jahresabschlusses für eine GmbH beauftragte Steuerberater ist verpflichtet zu prüfen, ob sich auf der Grundlage der ihm zur Verfügung stehenden Unterlagen und der ihm sonst bekannten Umstände tatsächliche oder rechtliche Gegebenheiten ergeben, die einer Fortführung der Unternehmenstätigkeit entgegenstehen können. Hingegen ist er nicht verpflichtet, von sich aus eine Fortführungsprognose zu erstellen und die hierfür erheblichen Tatsachen zu ermitteln (…)."*
>
> *„2b. Eine Haftung des Steuerberaters setzt voraus, dass der Jahresabschluss angesichts einer bestehenden Insolvenzreife der Gesellschaft objektiv zu Unrecht von Fortführungswerten ausgeht."*
>
> *„3. Der mit der Erstellung eines Jahresabschlusses für eine GmbH beauftragte Steuerberater hat die Mandantin auf einen möglichen Insolvenzgrund und die daran anknüpfende Prüfungspflicht ihres Geschäftsführers hinzuweisen, wenn entsprechende Anhaltspunkte offenkundig sind und er annehmen muss, dass die mögliche Insolvenzreife der Mandantin nicht bewusst ist."*

36 Es lassen sich zwei sehr relevante Haftungstatbestände aus dem Urteil bilden. Einerseits besteht die Haftung aus einem Werkvertrag als Hauptleistungspflicht. Werden bei der Bilanzierung zu Unrecht Fortführungswerte zugrunde gelegt, so

2 Bisherige Rechtsprechung des BGH zu diesem Thema: BGH v. 13.10.2011 – IX ZR 193/10, BGH v. 14.06.2012 – X ZR 145/11, BGH v. 07.03.2013 – IX ZR 64/12, BGH v. 06.06.2013 – IX ZR 204/12, BGH v. 06.02.2014 – IX ZR 53/13.

haftet die beratende Person wegen Erstellung eines mangelhaften Jahresabschlusses aus § 280 Abs. 1 BGB i. V. m. § 631, § 634 Nr. 4 BGB.

Andererseits ergibt sich die Haftung aus einem Werkvertrag als Nebenleistungspflicht. Bei Verletzung der Hinweis-/Warnpflichten haftet die Steuerberaterin oder der Steuerberater aus § 280 Abs. 1 BGB i. V. m. § 679 BGB. 37

Festzuhalten ist, dass der BGH in diesem Urteil deutlich macht, dass sich selbst steuerberatende Person, die lediglich mit der Erstellung des Jahresabschlusses beauftragt wurde, auch zwangsläufig mit der generellen Unternehmensfortführung zu beschäftigen hat. Selbst bei einem Auftrag, der nichts mit einer insolvenzrechtlichen Prüfung zu tun hat, müssen Steuerberaterinnen und Steuerberater also in bestimmten Konstellationen eine Krise erkennen und darauf hinweisen. Dieses Urteil begründet folglich umfängliche haftungsrechtliche Konsequenzen für die steuerberatenden und wirtschaftsprüfenden Berater und Beraterinnen eines krisenbehafteten Unternehmens. 38

Das bedeutet weiter, dass Steuerberaterinnen und Steuerberater prüfen müssen, ob die bilanzielle Überschuldung nur ein Indiz für die insolvenzrechtliche Überschuldung ist oder tatsächlich ein Insolvenzantragsgrund vorliegt. Sollte ein Insolvenzantragsgrund vorliegen, so reicht ein allgemeiner Hinweis nicht mehr aus. Steuerberaterinnen und Steuerberater müssen also vielmehr Mandanten und Mandantinnen klar und deutlich darauf hinweisen, dass die handelsrechtliche Bilanz nur nach Fortführungswerten erstellt werden kann, wenn die gesetzlichen Voraussetzungen gegeben sind. Denn steuerlich beratende Personen haften für einen Insolvenzverschleppungsschaden, wenn die Insolvenzanmeldung durch die Gesellschaft aufgrund der aufzuzeigenden Probleme – hier die wiederholten Jahresfehlbeträge – früher hätte erfolgen müssen. 39

4 Zur Reichweite des BGH-Urteils vom 26.01.2017 – IX ZR 285/14 – in der Praxis

Wie oben dargestellt, waren Steuerberaterinnen und Steuerberater in der Vergangenheit gesetzlich nicht dazu verpflichtet, ihre Mandantinnen und Mandanten im Rahmen eines allgemeinen Steuerberatungsmandats ausdrücklich auf eine mögliche Insolvenzreife hinzuweisen. 40

Bei einer handelsbilanziellen Überschuldung bestand damit grundsätzlich auch keine Handlungsempfehlung der beratenden Person gegenüber der Geschäftsführung einer GmbH, eine weitergehende Überprüfung der tatsächlichen Insolvenzreife vorzunehmen. Eine Haftung der Steuerberaterin oder des Steuerberaters für einen Verschleppungsschaden wegen eines unterlassenen Hinweises konnte danach nur eintreten, wenn sie oder er mit der Prüfung der Insolvenzreife der GmbH explizit beauftragt wurde oder aus eigenem Antrieb ausdrückliche Erklärungen dazu abgab (auch ungefragt). Dies hatte der BGH im Jahre 2013 so entschieden.[3] 41

Allerdings ist der BGH dann für viele überraschend bereits 2017 – also knapp vier Jahre später – von dieser Rechtsprechung wieder abgerückt und hat die Anforderungen an steuerlich beratende Personen erheblich ausgeweitet mit der Folge, dass deren Haftungsrisiken sich spürbar erhöht haben.[4] 42

Der BGH entschied nämlich, dass selbst die lediglich mit der Erstellung eines Jahresabschlusses beauftragte Person prüfen müsse, ob auf der Grundlage der ihr vorliegenden Unterlagen und bekannten Umstände tatsächliche oder rechtliche Gegebenheiten existieren, die einer Fortführung der Unternehmenstätigkeit wirksam entgegenstehen. Ist dies der Fall, dürfe bei der Aufstellung der Bilanz nicht ohne weiteres davon ausgegangen werden, dass die Vermögensgegenstände mit ihren Fortführungswerten bilanziert werden können. 43

Darüber hinaus entschied der BGH, dass Steuerberaterinnen und Steuerberater den Mandantinnen und Mandanten in diesem Zusammenhang auf einen potenziellen Insolvenzgrund und die daraus abgeleitete Prüfungspflicht der Geschäftsführung ausdrücklich hinweisen müssen. Dies gelte insbesondere dann, wenn die beratende Person aus naheliegenden Gründen annehmen muss, dass der Geschäftsführung die mögliche Insolvenzreife nicht bewusst ist. 44

---

3 BGH v. 07.03.2013 – IX ZR 64/12, Stbg 2013, 278;
BGH v. 06.06.2013 – IX ZR 204/12, WM 2013, 1323;
BGH v. 06.02.2014 – IX ZR 53/13, WM 2014, 577.

4 BGH v. 26.01.2017 – IX ZR 285/14, WM 2017, 383 = Stbg. 2017, 180.

4.1 Kurzfristige Unsicherheit der betroffenen Berufsgruppen

45 Das Urteil hat bei den steuerberatenden und wirtschaftsprüfenden Berufsträgern zu großer Unsicherheit und letztlich zu der entscheidenden Frage geführt, was denn nun tatsächlich bei der (kurzfristigen) Beseitigung einer buchmäßigen Überschuldung im Sinne einer Enthaftung im Rahmen der Erstellung eines Jahresabschlusses zu tun ist.

Die Antwort ist erst einmal recht einfach: Die Neutralisierung der Insolvenzantragspflicht vor der endgültigen Erstellung des handelsrechtlichen Jahresabschlusses ist grds. zu gewährleisten!

46 Die Unsicherheit rührte aber daher, dass die in der Vergangenheit regelmäßig eingesetzten Maßnahmen wie Rangrücktrittserklärung oder Prüfung und Hebung von stillen Reserven keinerlei Wirkung auf die Liquiditätssituation des krisenbehafteten Unternehmens mit sich bringen.

47 Die von den beratenden Berufsgruppen jahrelang als sicher und richtig eingestuften Maßnahmen haben nach dem Urteil vom 26.01.2017 aber weder eine Neutralisierung der möglichen Insolvenzantragspflicht zur Folge, noch exkulpieren sie die steuerlich beratende Person.

48 Das Urteil und die davon abzuleitenden Handlungsweisen im Rahmen der Bearbeitung von festgestellten buchmäßigen Überschuldungen sind dann auch sehr häufig in Fachbüchern, in der Fachpresse und durch die Kammern und Verbände der steuerberatenden Berufe entsprechend publiziert worden. Die teils oberflächliche oder teils zu differenzierte Darstellung der Sachverhalte und variierenden Handlungsempfehlungen haben jedoch die bereits bestandene Unsicherheit nur weiter befeuert.

4.2 Trial & Error

49 Aus dieser Unsicherheit entglitten manchen Beraterinnen und Beratern die Mandate und die klaren Strukturen bei der Bearbeitung.

50 Es wurde auch bei Feststellung einer buchmäßigen Überschuldung trotzdem Jahresabschlüsse erst einmal unter Going-Concern in vorläufiger Version erstellt, um dann im Nachgang irgendwie den Spagat zwischen gesetzlichen und regulativen Vorgaben und den Wünschen und Interessen der Mandantin zu bewerkstelligen.

51 Gerade die Geschäftsführung der Unternehmen, die sehr wahrscheinlich in wirtschaftlichen Schwierigkeiten stecken und wo klar zu vermuten ist, dass die freie Liquidität nicht mehr ausreichend ist, hat in der Regel kaum Verständnis für die Notwendigkeit, entweder selbst zusätzliche Arbeiten im Rahmen der Prognoseerstellung vorzulegen oder diese Aufgaben gegen Honorarzahlung an Dritte zu vergeben.

Kaum eine Geschäftsführerin oder ein Geschäftsführer eines kleinen oder mittelständischen Unternehmens wird selbst in der Lage sein, eine qualitativ genügende Fortbestehensprognose so aufzustellen, dass diese tatsächlich auch als Entlastungszertifikat für die steuerlich beratende Person genutzt werden kann, um die Bilanz unter Fortführungswerten zu erstellen. 52

Die zum Teil sehr engen Bindungen zu den Mandantinnen und Mandanten werden immer wieder zu Diskussionen führen, wenn Steuerberaterinnen und Steuerberater die Auflagen des BGH-Urteils strikt umsetzen, um sich selbst abzusichern. Dies kann bis hin zu Mandatskündigungen durch die Geschäftsführung des krisenbehafteten Unternehmens führen. 53

Halbherzige Herangehensweisen, mit dem Versuch der Umgehung der Vorgaben des BGH-Urteils[5], werden immer dann zum Bumerang, wenn später eine Insolvenz des krisenbehafteten Unternehmens eintritt und die Insolvenzverwalterin oder der Insolvenzverwalter im Rahmen der Prüfung dann feststellen muss, dass die Bilanzierung nicht gesetzeskonform war. Denn genau wie die steuerberatenden und wirtschaftsprüfenden Berufe über Fachpresse und ihre Fachforen informiert worden sind, so haben sich auch die Insolvenzverwalter bzw. ihre auf Insolvenzreifeprüfung spezialisierten Mitarbeiter und Mitarbeiterinnen mittlerweile sehr kundig gemacht. 54

Es ist im Übrigen davon auszugehen, dass sich Insolvenzverwalterinnen und Insolvenzverwalter auch häufig dazu entschließen werden, die Verfehlungen in der Steuerberatung im Hinblick auf die Erstellung einer mangelhaften Bilanz, sowohl in die Berichte für die Gerichte einfließen zu lassen, als auch der Staatsanwaltschaft bei möglicher Ermittlung wegen Insolvenzverschleppung zur Verfügung zu stellen. 55

4.3 Mangelndes Problembewusstsein

Obwohl die Feststellung der buchmäßigen Überschuldung nun ganz klar auch die Kontrolle der Fortführung des Unternehmens im Rahmen einer Liquiditätsprüfung notwendig macht, ist das notwendige Problembewusstsein in den Reihen der steuerberatenden und wirtschaftsprüfenden Berufsgruppen bei weitem noch nicht angemessen genug. 56

Die veraltete Gesetzesvorlage und die bis zum Januar 2017 regelmäßig ergangenen Urteile haben scheinbar bei den steuerberatenden und wirtschaftsprüfenden Beraterinnen und Beratern eine relative Sicherheit und eingefahrene Mechanismen bezüglich ihrer Mitwirkungspflicht bei der regelmäßigen Überprüfung der Kapitalentwicklung und der Liquiditätslage hinsichtlich der Insolvenz reife verfestigt. Eine Verfestigung, die scheinbar nur schwer abzulegen ist. 57

Dieses zum Teil immer noch bestehende mangelnde Problembewusstsein führt eben nicht nur zu Missverständnissen, sondern zu empfindlichen Schadenersatzansprüchen gegen Beraterinnen und Berater im Wege der insolvenzrecht- 58

5 BGH v. 26.01.2017 – IX ZR 285/14, WM 2017, 383 = Stbg 2017, 180.

lichen Aufarbeitung durch die bestellten Insolvenzverwalterinnen und Insolvenzverwalter.

59 Der BGH[6] hat mit der Rechtsprechungsänderung die Pflichten der Steuerberaterinnen und Steuerberater komplett neu ausgestaltet, wenn sie im Rahmen ihrer allgemeinen Mandate Kenntnis darüber erlangen, dass Anzeichen oder Erkenntnisse für die unmittelbare Gefahr einer Insolvenzreife vorliegen.

Dies müssen Steuerberaterinnen und Steuerberater und auch Wirtschaftsprüferinnen und Wirtschaftsprüfer im Rahmen ihrer täglichen Arbeit mit ihren Mandantinnen und Mandanten unbedingt berücksichtigen.

60 Das Verdrängen oder die Relativierung der aus dem Urteil erwachsenden Pflichten wird unter anderem dazu führen, dass Insolvenzverwalterinnen und Insolvenzverwalter durch standardisierte Recherche, Beweisführung und Anfechtung gegen die steuerberatenden und wirtschaftsprüfenden Berufsgruppen vorgehen und so regelmäßig für eine Verbesserung der Insolvenzquoten sorgen werden.

6 BGH v. 26.01.2017 – IX ZR 285/14, WM 2017, 383 = Stbg 2017, 180.

5 Die vertragliche Grundlage der Beauftragung des Steuerberaters

5.1 Ausgestaltung

Werden erste Anzeichen einer Insolvenz erkennbar, ergibt sich für Steuerberaterinnen und Steuerberater die Frage, wie sie ggfs. noch offene Honorarforderungen nachhaltig sichern können. Welche Möglichkeiten insoweit zur Verfügung stehen, beurteilt sich nach den Vorschriften zur Insolvenzanfechtung gem. §§ 129–147 InsO. 61

Nach § 129 Abs. 1 InsO sind Rechtshandlungen, die vor der Eröffnung des Insolvenzverfahrens vorgenommen worden sind und die Insolvenzgläubiger benachteiligen, nach Maßgabe der §§ 130–146 InsO durch die Insolvenzverwalterin oder den Insolvenzverwalter anfechtbar. 62

5.2 Beratungspflichten

Steuerberaterinnen und Steuerberater sind zur Erfüllung der vertraglich übernommenen Leistungen verpflichtet. Dadurch sind sie u. a. gezwungen, gerade in Kenntnis der sich verschlechternden Vermögenssituation des Unternehmens die Geschäftsführung über die Entwicklung des betriebswirtschaftlichen Ergebnisses zu informieren. Es gehört auch zu den Pflichten, in Kenntnis der Sachlage selber und persönlich bei anhaltenden schlechten, wirtschaftlichen Verhältnissen, die Monatsauswertung oder den Quartals- oder Jahresabschluss zu kontrollieren und ggfs. Vorschläge zur Beseitigung bzw. Neutralisierung einer bilanziellen Überschuldung zu machen. Dazu gehört auch die Empfehlung, weitere Sachverständige oder fachliche Beraterinnen und Berater der Kammern und Verbände hinzuzuziehen. 63

Der Begriff „Beratung in Steuersachen“ ist eng auszulegen. Er bezieht sich nicht auf die Beratung in anderen Rechtsgebieten. 64

Steuerberaterinnen und Steuerberater können ihre Beratungspflicht gegenüber der Mandantin auch dadurch erfüllen, dass sie sie durch einen einfachen Brief informieren. Dabei haben sie regelmäßig keinen Anlass zu Rückfragen, ob der Brief auch tatsächlich angekommen ist bzw. zugestellt wurde. 65

5.3 Hinweispflichten

Bis zur Rechtsprechungsänderung des BGH[7] waren Steuerberaterinnen und Steuerberater nicht verpflichtet, entsprechende Warnhinweise zu erteilen. Sie genossen bis dahin Vertrauensschutz. Nach Änderung der Rechtsprechung sind Steuerberaterinnen und Steuerberater im Rahmen eines allgemeinen Steuerberatungsmandats gehalten, tatsächlich Warnhinweise hinsichtlich der Gefahr 66

7 BGH v. 26.01.2017 – IX ZR 285/14, WM 2017, 383 = Stbg 2017, 180.

einer Insolvenzreife an die Geschäftsführung abzugeben. Konnten sich Steuerberaterinnen und Steuerberater und sonstige Angehörige der steuerberatenden Berufe aufgrund der wenigen Urteile des BGH zur Frage der Steuerberaterhaftung für Insolvenzschäden relativ sicher fühlen, so hat das BGH-Urteil[8] aus 2017 diese vermeintliche Sicherheit hinsichtlich der Hinweispflichten vollständig relativiert und zu gesetzlichen Verankerungen geführt.

67 Gerichte und Gesetzgeber gehen davon aus, dass Steuerberaterinnen und Steuerberater sich regelmäßig über solche Änderungen und einschneidende Maßnahmen begründender Urteile informieren. Somit erwachsen aus den Hinweispflichten entsprechende Handlungszwänge.

68 Geht der Hinweis im Rahmen der Beratung eines Dauermandats an die Geschäftsführung, dass das Unternehmen (buchmäßig) überschuldet ist und weder von der Geschäftsführung noch von Dritten eine positive Fortbestehensprognose vorgelegt werden kann und der Verdacht aufgrund der vorliegenden betriebswirtschaftlichen Unterlagen nahelegt, dass das Unternehmen zahlungsunfähig ist, müssen Steuerberaterinnen und Steuerberater nach Erledigung ihrer Hinweispflicht in kürzester Zeit als Ultima Ratio das Mandat niederlegen.

69 Ein Dauermandat ist gesetzlich nicht geregelt, sondern lediglich durch die den Gesetzeskatalog ausgestaltet bzw. definiert. Der Wille der Vertragsparteien ist bei der Beurteilung des Mandatsverhältnisses hinzuzuziehen. In der Regel sind die Bearbeitung der Lohn- und Finanzbuchhaltung neben der Erstellung des Jahresabschlusses und der Steuererklärung klare Merkmale eines Dauermandats.

70 Typischerweise umfasst eine Dauermandat folgende Dienstleistungen:

- Erstellung der monatlichen Lohnbuchhaltung inkl. Meldung an die Sozialversicherungsträger,
- Erstellung der monatlichen Finanzbuchhaltung und BWA,
- Erstellung und Abgabe der Voranmeldungen (Umsatzsteuer),
- Erstellung des handelsrechtlichen Jahresabschlusses und der Steuerbilanz,
- Veröffentlichung des Jahresabschlusses im entsprechenden Register.

71 Eine Beratung in der Krise gehört dabei allerdings explizit nicht zu den Merkmalen eines Dauermandats. Sonstige Dienstleistungen, die nicht zu einem Dauermandat gehören sind:

- Beratung bei Investitionen,
- Erstellung von Liquiditätsplanungen,
- Beratung im Zuge eines Unternehmenskaufs oder -verkaufs,
- Finanzierungsberatung,
- Beratung im Hinblick auf Altersvorsorge.

8 BGH v. 26.01.2017 – IX ZR 285/14, WM 2017, 383 = Stbg 2017, 180.

Die Beweislast, dass ein Dauermandat in Auftrag gegeben wurde, trifft dabei im Zweifel die Mandantin. Sie muss alle Details vortragen, die eine Pflichtverletzung im Umfang eines bestehenden Dauermandats begründen. 72

6 Daraus resultierende Handlungszwänge

6.1 Pflicht zur Jahresabschlusserstellung nach Vorgaben des HGB

In § 264 Abs. 1 Satz 3 und Satz 4 HGB heißt es: 73

„Der Jahresabschluss und der Lagebericht sind von den gesetzlichen Vertretern in den ersten drei Monaten des Geschäftsjahrs für das vergangene Geschäftsjahr aufzustellen. Kleine Kapitalgesellschaften (§ 267 Abs. 1) brauchen den Lagebericht nicht aufzustellen; sie dürfen den Jahresabschluss auch später aufstellen, wenn dies einem ordnungsgemäßen Geschäftsgang entspricht, jedoch innerhalb der ersten sechs Monate des Geschäftsjahres."

Daraus ergibt sich, dass für kleine Gesellschaften bis zum 30.06. des Folgejahres die Bilanz einzureichen ist. Für mittlere und große Gesellschaften läuft die Einreichungsfrist hingegen bereits am 31.03. des Folgejahres ab. 74

Bei KMU oder großen GmbH gilt jedoch eine Ausnahmeregel, falls sie sich in einer Krisensituation befinden, also von wesentlichen und existenzbedrohenden Verlusten ausgehen müssen. Die Bilanz muss dann bereits acht bis 10 Wochen nach Ende des Geschäftsjahres, d. h. bis zum 28.02. bzw. 15.03. des Folgejahres vorliegen. Dies sehen auch die GoB vor. 75

Entgegen der Praxis gegenüber dem Finanzamt, wo Abgabefristen entsprechend verlängert werden können, ist eine Verlängerung der Fristen zur Erstellung von handelsrechtlichen Jahresabschlüssen nicht möglich. 76

Die Abgrenzung der Größenklassen ist nach den Vorgaben des § 267 Abs. 1 bis 3 HGB wie folgt zu beurteilen: 77

„(1) Kleine Kapitalgesellschaften sind solche, die mindestens zwei der drei nachstehenden Merkmale nicht überschreiten:

1. *6 000 000 Euro Bilanzsumme,*
2. *12 000 000 Euro Umsatzerlöse in den zwölf Monaten vor dem Abschlussstichtag,*
3. *Im Jahresdurchschnitt fünfzig Arbeitnehmer.*

(2) Mittelgroße Kapitalgesellschaften sind solche, die mindestens zwei der drei in Absatz 1 bezeichneten Merkmale überschreiten und jeweils mindestens zwei der drei nachstehenden Merkmale nicht überschreiten:

1. *20 000 000 Euro Bilanzsumme,*
2. *40 000 000 Euro Umsatzerlöse in den zwölf Monaten vor dem Abschlussstichtag,*
3. *Im Jahresdurchschnitt zweihundertfünfzig Arbeitnehmer.*

(3) Große Kapitalgesellschaften sind solche, die mindestens zwei der drei in Absatz 2 bezeichneten Merkmale überschreiten. Eine Kapitalgesellschaft im Sinn des § 264d gilt stets als große."

6.1.1 Regelfall: Erstellung des Jahresabschlusses des vorherigen Jahres

78 Ausgehend davon, dass die meisten Kapitalgesellschaften ordnungsgemäß den Vorgaben des Gesetzgebers folgen und ihre handelsrechtlichen Abschlüsse spätestens zum 30.06. des Folgejahres aufstellen, würde im Normalfall bei der Feststellung einer buchmäßigen Überschuldung folgende beispielhafte zeitliche Komponente im Rahmen der Beratung erfolgen:

79 Im April 2023 erfolgt die Aufstellung des handelsrechtlichen Jahresabschlusses aus dem Jahr 2022 mit Feststellung einer buchmäßigen Überschuldung.

Dann muss die Erstellung einer positiven Fortbestehensprognose für folgende Zeiträume erfolgen:

80 Grundsätzlich erstreckt sich der Zeitraum zur Erstellung der Prognose bis zum Ende des laufenden Jahres, in dem die Prognose erstellt wird. Es wird jedoch empfohlen, den Prognosezeitraum auf weitere 24 Monate für den Nachweis der Zahlungsfähigkeit im Rahmen der positiven Fortbestehensprognose auszudehnen.

Damit könnte – vorausgesetzt alle Unterlagen/Informationen können vom Unternehmen vorgelegt werden – innerhalb von zwei bis vier Wochen die positive Fortbestehensprognose für den Zeitraum Mai 2023 bis einschließlich 31. Dezember 2025 erstellt werden.

81 Sollte die buchmäßige Überschuldung in der Folgebilanz 2023 immer noch vorhanden sein, müsste wiederum eine positive Fortbestehensprognose für das Restjahr 2024 sowie für die Jahre 2025 und 2026 erstellt werden.

Weist der nächste Pflichtjahresabschluss dagegen keine buchmäßige Überschuldung mehr aus, entfällt die Pflicht zur Vorlage einer positiven Fortbestehensprognose.

6.1.2 Ausnahmefall: Aufarbeitung mehrerer rückständiger Jahresabschlüsse

82 Ein Sonderfall – und für die meisten Mandantinnen in der Regel schwer nachvollziehbar – ist, wenn zum Beispiel im August 2023 der Jahresabschluss 2021 (verspätet) erstellt und dabei die buchmäßige Überschuldung festgestellt wird.

83 Da die vom Gesetzgeber vorgegebene Pflicht zur fristgerechten Bilanzerstellung (Bilanzvorlagepflicht) hier nicht mehr erfüllt ist, kann in 2023 für den Jahresabschluss 2021 auch keine positive Fortbestehensprognose zwecks Entlastung mehr erstellt werden.

84 Es müsste daher neben dem nicht fristgerecht fertiggestellten Jahresabschluss 2021 direkt im Anschluss ebenfalls der Jahresabschluss 2022 erstellt werden. Sollte der Jahresabschluss 2022 in der nachfolgenden Erstellung ebenfalls eine buchmäßige Überschuldung aufweisen, ergibt sich die Pflicht bzw. Möglichkeit zur Vorlage einer positiven Fortbestehensprognose.

Sofern die Bilanz für das Jahr 2022 jedoch keine buchmäßige Überschuldung mehr aufweist, sind die Jahresabschlüsse 2021 und 2022 dann wieder unter Fortführungswerten aufzustellen. 85

In diesem Zusammenhang sollte von Beraterinnen und Beratern ein entsprechendes Hinweisschreiben extra für den Jahresabschluss 2021 erstellt werden. In diesem Schreiben sollte die steuerlich beratende Person darauf hinweisen, dass im engen zeitlichen Zusammenhang ebenfalls der Jahresabschluss 2022 erstellt wurde und die in 2021 festgestellte buchmäßige Überschuldung in 2022 nicht mehr vorhanden war. 86

Sinnvoll ist es, dass beide Jahresabschlüsse mit der entsprechenden Dokumentation der Mandantin gleichzeitig nach Erstellung ausgehändigt werden. 87

Grundsätzlich ist zu berücksichtigen, dass die vom Gesetzgeber vorgegebene Bilanzvorlagezeit zu beachten ist und für die aktuell letzte Bilanz (bei einer Überschuldungssituation) dann die positive Fortbestehensprognose abgefordert werden muss. In der Praxis wird sich das Problem stellen, dass sich damit in der Regel die Vorlagezeit z.B. der Vorjahresbilanz verlängert, weil möglicherweise zwei – oder sogar drei – Jahresabschlüsse im engen zeitlichen Zusammenhang erstellt werden müssen. 88

Dadurch erhöht sich die Arbeitsbelastung für Steuerberaterinnen und Steuerberater. In der Praxis wird es vermutlich ebenfalls zu Diskussionen mit der Geschäftsführung der krisenbehafteten Gesellschaften kommen, da diese möglicherweise schon eine sehr enge Liquiditätssituation hat und eben nicht gleich die Arbeiten für zwei Jahresabschlüsse durch Vorkasse gem. § 142 InsO als anfechtungssicheres Bargeschäft begleichen können. 89

6.2 Hinweis auf buchmäßige Überschuldung

Steuerberaterinnen und Steuerberater, die aufgrund ihrer großen Sachkunde in steuerlichen und finanziellen Angelegenheiten wesentlichen Einfluss auf die Entscheidungen der Geschäftsführung nehmen können, werden dadurch natürlich nicht gleich zum Teil einer faktischen Geschäftsführung. Dennoch werden den steuerlichen und wirtschaftlichen Beraterinnen und Berater immer mehr Verantwortung durch die aktuelle Rechtsprechung auferlegt. Dabei stellt man auf die Sachkunde der beratenden Person ab, die – im Gegensatz zur Geschäftsführung – auch bei einfach gelagerten Aufträgen Insolvenzindizien erkennen müssen. 90

Der Umfang der Beratungspflicht ergibt sich aus dem von der Rechtsprechung herausgearbeiteten „berechtigten Erwartungshorizont" der Mandantin. Danach darf die Mandantin davon ausgehen, dass Steuerberaterinnen und Steuerberater sie hinsichtlich des insolvenzrelevanten Themenkreises vor jedem drohenden Schaden bewahren und sie darum umfassend, nahezu erschöpfend beraten werden. Darum sollten Steuerberaterinnen und Steuerberater die Mandantin über alles, was von ausschlaggebender Bedeutung ist auch umgehend aufklären. 91

92 Diese Beratungspflichten werden abgeleitet aus der Pflicht, sich über die den Themenkreis betreffenden Entwicklungen des Rechts fortwährend zu unterrichten. Da Steuerberaterinnen und Steuerberater auch in wirtschaftlichen, insbesondere betriebswirtschaftlichen Angelegenheiten beratend tätig sind, werden solche Weiterbildungen unterstellt.

93 Bei allen krisenbehafteten Mandaten sollten Steuerberaterinnen und Steuerberater also zumindest ein Schreiben versenden und bei langjährigen Mandaten besser ein vertrauliches Gespräch mit der Geschäftsführung führen, um die Situation darzulegen und auch das strafrechtliche Haftungsproblem der Geschäftsführung im Hinblick auf Kenntnisstand bzgl. bestehender Insolvenzindizien zu erläutern. Es sollte ein Schriftstück vorgehalten werden, in dem auf die explizite wirtschaftliche Situation hingewiesen wird und auch auf die zwingend einzuleitenden Schritte. Dieses Schriftstück sollte die Geschäftsführung zur Entlastung der Steuerberaterin und des Steuerberaters unterschreiben.

94 Bei erkennbarer Uneinsichtigkeit der Mandantin sollten Steuerberaterinnen und Steuerberater das Mandat sofort aus Selbstschutz niederlegen. Beraterinnen und Berater sollten außerdem substantiiert darlegen können, in welcher Weise die Beratung und notwendige Belehrung der Mandantin vorgenommen wurden.

6.3 Muster Anschreiben mit Hinweis auf Überschuldungsfeststellung

95 Anbei eine Musterformulierung für ein solches Hinweisschreiben wie oben beschrieben:

> „Sehr geehrte Damen und Herren,
>
> Sie haben uns mit der Aufstellung des Jahresabschlusses für den Zeitraum 2023 Ihrer Gesellschaft beauftragt.
>
> Im Rahmen des uns erteilten Auftrags haben wir festgestellt, dass die Gesellschaft handelsrechtlich überschuldet ist. Daraus folgt zwingend, dass umgehend zu prüfen ist, ob diese bilanzielle Überschuldung auch eine Überschuldung im Sinne des Insolvenzrechts darstellt und somit eine Insolvenzantragspflicht der Geschäftsleitung i. S. d. § 15a InsO nach sich zieht. Daher müssen wir Sie auffordern, uns eine positive Fortbestehensprognose vorzulegen.
>
> Bei der Bewertung der im Jahresabschluss ausgewiesenen Vermögensgegenstände und Schulden ist nach § 252 Abs. 1 Nr. 2 HGB nur dann von einer Fortführung der Unternehmenstätigkeit auszugehen, wenn dem nicht tatsächliche oder rechtliche Gegebenheiten entgegenstehen. Eine solche Gegebenheit wäre u. a. eine Insolvenzreife wegen (drohender) Zahlungsunfähigkeit.

Dieser Umstand erfordert gem. Finanzmarktstabilisierungsgesetz in seiner Fassung vom 09.11.2012 ein Urteil darüber, ob die Aufrechterhaltung der Zahlungsfähigkeit der Gesellschaft im Prognosezeitraum – also dem laufenden sowie mindestens dem folgenden Geschäftsjahr – überwiegend wahrscheinlich ist.

Die Erstellung einer Fortbestehensprognose ist von dem uns erteilten Auftrag nicht umfasst. Wir müssen Sie daher bitten, einen fachkundigen, sanierungserfahrenen Dritten mit der Erstellung einer positiven Fortbestehensprognose zu beauftragen.

Ohne diese positive Fortbestehensprognose kann der Jahresabschluss nicht unter Fortführungsaspekten aufgestellt werden.

Mit freundlichen Grüßen

Anlage: Hinweise auf handels- und insolvenzrechtliche Handlungspflichten

1. Handelsrechtliche Handlungspflichten

Bei der Bewertung der im Jahresabschluss ausgewiesenen Vermögensgegenstände und Schulden gilt nach § 252 Abs. 1 Nr. 2 HGB, dass von einer Fortführung der Unternehmenstätigkeit (positive Fortbestehensprognose) nur ausgegangen werden darf, sofern dem nicht tatsächliche oder rechtliche Gegebenheiten entgegenstehen, die als Anzeichen für einen Insolvenzgrund gewertet werden können.

Das Vorliegen eines Insolvenzgrunds bildet nach der Rechtsprechung (BGH, IX ZR 285/14) grundsätzlich eine der Fortführung entgegenstehende tatsächliche Gegebenheit. In diesem Falle ist die Erstellung einer handelsrechtlichen Going-Concern-Prognose durch die Geschäftsleitung erforderlich.

In dieser Prognose ist nach der o. g. Rechtsprechung zu analysieren, ob das Unternehmen seine Tätigkeit voraussichtlich fortsetzen wird. Dies hat anhand aktueller, hinreichend detaillierter und konkretisierter interner Planungsunterlagen zu erfolgen. Die Prognose ist dabei grundsätzlich auf das auf den Abschlussstichtag folgende Geschäftsjahr zu erstrecken. Es müssen die gegen die Fortbestehensfähigkeit bestehenden Bedenken stichhaltig ausgeräumt werden. Bloße Aussagen oder vage Annahmen ohne sachlichen Gehalt genügen nicht.

2. Insolvenzrechtliche Handlungspflichten

Liegen Hinweise auf das mögliche Bestehen des Insolvenzgrunds der Zahlungsunfähigkeit (§ 17 InsO) oder Überschuldung (§ 19 InsO) vor, ist die Geschäftsleitung verpflichtet, unverzüglich zu prüfen, ob tatsächlich Zahlungsunfähigkeit bzw. Überschuldung gegeben ist.

Sollte diese Prüfung ergeben, dass eine Überschuldung und/oder Zahlungsunfähigkeit vorliegt, ist ohne schuldhaftes Zögern – spätestens jedoch nach drei bzw. sechs Wochen – ein Insolvenzantrag beim zuständigen Insolvenzgericht zu stellen (Insolvenzantragspflicht nach § 15a InsO). Diese Fristen bieten eine letzte Möglichkeit für außergerichtliche Sanierungsbemühungen. Sie darf jedoch nur dann in Anspruch genommen werden, wenn der vorliegende Insolvenzgrund voraussichtlich innerhalb dieser Fristen durch geeignete Sanierungsmaßnahmen beseitigt werden kann. Gelingt dies, besteht keine Insolvenzantragspflicht mehr. Besteht hingegen keine Aussicht auf Insolvenzgrundbeseitigung, muss der Insolvenzantrag sofort gestellt werden.

Eine Zahlungsunfähigkeit (§ 17 InsO) liegt nach der Rechtsprechung (BGH, IX ZR 123/04, IX ZB 36/07) vor, wenn der Schuldner mangels verfügbarer Zahlungsmittel mindestens 10 % seiner fälligen (und ernsthaft eingeforderten) Zahlungspflichten nicht begleichen kann. Sie ist grundsätzlich anhand einer Liquiditätsbilanz zu prüfen. In diese sind aktivseitig die verfügbaren Zahlungsmittel und passivseitig die zu begleichenden Zahlungspflichten einzustellen.

Eine handelsbilanzielle Überschuldung liegt vor, wenn das Vermögen des Schuldners die bestehenden Verbindlichkeiten nicht mehr deckt. Ob in diesem Fall auch eine insolvenzrechtliche Überschuldung vorliegt, zeigt die Fortbestehensprognose. Fällt diese positiv aus, ist die Überschuldung als Insolvenzantragsgrund neutralisiert. Die Fortbestehensprognose ist als Ausweis der Zahlungsfähig zu erstellen. Sie hat zu prüfen, ob der Erhalt der Zahlungsfähigkeit der Gesellschaft im laufenden und mindestens dem folgenden Geschäftsjahr überwiegend wahrscheinlich ist.

Sofern die Prognose negativ ist, muss ein Überschuldungsstatus erstellt werden, in dem anhand einer Gegenüberstellung von Vermögenswerten und Verbindlichkeiten unter weitgehender Vernachlässigung handelsrechtlicher Aktivierungsverbote und Passivierungspflichten zu untersuchen ist, ob die Gesellschaft noch über ein Reinvermögen verfügt.

Erst wenn sowohl die Fortbestehensprognose als auch der Überschuldungsstatus negativ ausfallen, besteht eine Insolvenzantragspflicht aufgrund von insolvenzrechtlicher Überschuldung.

Bei verzögerter oder unterlassener Insolvenzantragstellung trotz Vorliegen eines Insolvenzantragsgrundes droht die persönliche Haftung jedes Mitglieds der Geschäftsleitung für den daraus resultierenden Schaden.

Zudem sind sowohl die vorsätzliche als auch die fahrlässige Insolvenzverschleppung strafbar (§ 15a Abs. 4 und 5 InsO)."

6.4 Mandatsniederlegung als letzte Konsequenz

96 Die Mandatsniederlegung ist die Ultima Ratio für Steuerberaterinnen und Steuerberater, wenn sie auf die drohende Insolvenz hingewiesen haben oder möglicherweise schon (schriftlich) zu einer Prüfung der Insolvenzreife (auch durch fachkundige Dritte) geraten haben und die Geschäftsführung trotz dieser nachhaltigen und konsequenten Handlungsempfehlung nicht tätig geworden ist. Mit der weiteren Bearbeitung des Mandats in Kenntnis der (möglichen)

Insolvenzreife gehen Steuerberaterinnen und Steuerberater das Risiko ein, sich durch die uneingeschränkte Fortführung des Mandats der Beihilfe zur Insolvenzverschleppung strafbar zu machen.

Gehen Beraterinnen und Berater nach Erteilung der beschriebenen Hinweise in 97
Bezug auf das Bestehen einer Insolvenzreife ihrem normalen Tagesgeschäft nach und erledigen weiterhin für die Geschäftsführung die Finanzbuchhaltung, Steuererklärungen und/oder Jahresabschlusserstellung, unterstützen sie unstreitig wissentlich die Geschäftsführung dabei, den vermutlich bereits insolventen Betrieb aufrecht zu erhalten. Durch das Verhalten im Rahmen der Fortsetzung seines Mandats und die Erledigung der Regelarbeiten im Rahmen des Vertrages, fördern sie wissentlich die Insolvenzverschleppung der Geschäftsführung, der quasi impliziert wird, dass alles so wie gehabt weiterlaufen kann. Dadurch ist ein Beitrag zur Insolvenzverschleppung in der Regel klar gegeben.

6.5 Muster Mandatsniederlegung

Anbei eine Musterformulierung für eine Mandatsniederlegung wie oben bereits 98
mehrfach erwähnt:

> „Sehr geehrte Damen und Herren,
>
> aufgrund der Ihnen bekannten wirtschaftlichen Lage Ihres Unternehmens und der nicht durchgeführten Maßnahmen zur Entgegnung der ausgeführten Insolvenzindizien legen wir mit sofortiger Wirkung unser Mandat als steuerliche Beraterinnen und Berater mit sämtlichen Belangen nieder.
>
> Wir machen darauf aufmerksam, dass wir das Zurückbehaltungsrecht nach § 273 BGB geltend machen und wir unsere geleisteten Arbeiten erst nach Ausgleich unseres Honoraranspruchs freigeben werden.
>
> Wir weisen dringend darauf hin, dass die nicht nachgekommene Insolvenzantragspflicht bei Kenntnis der Sachlage strafrechtliche Konsequenzen sowohl für die Geschäftsführung als auch für die Gesellschafterinnen und Gesellschafter nach sich ziehen kann.
>
> Im Übrigen empfehlen wir Ihnen dringen, sich zeitnah mit insolvenz- und sanierungserfahrenen Beraterinnen und Beratern in Verbindung zu setzen, um etwaige zivil- und/oder strafrechtlichen Risiken überprüfen zu lassen und ggfs. entsprechende Maßnahmen einzuleiten.
>
> Mit freundlichen Grüßen“

7 Die schwierige Kommunikation und der richtige Umgang mit dem Mandanten über vorliegende Krisen- und Insolvenzindizien

7.1 Persönliches Gespräch

Aufgrund der meist schon lang betreuten Dauermandate ist es gerade im Zuge der Erstellung von Jahresabschlüssen von Mandantinnen in der Krise sehr wichtig, aktiv und zielgerichtet das Gespräch (ggfs. bereits mit Lösungsansätzen) mit der Geschäftsführung der Mandantin zu suchen. Einerseits gelten natürlich vordergründig die bereits in diesem Buch erwähnten Fristen bei der Krisenerkennung, andererseits sind die Handlungszwänge der Steuerberaterinnen und Steuerberater auf Grundlage des BGH-Urteils und der gesetzlichen Vorschriften (hier ist besonders § 102 StaRUG zu erwähnen) sicherlich in einem persönlichen Gespräch mit der Mandantin besser zu erläutern. 99

So können die Hinweise der Steuerberaterinnen und Steuerberater neben einer schriftlichen Übermittlung zusätzlich in den persönlichen Gesprächen sicherlich verständlicher vorgetragen werden, als lediglich durch eine rein sachliche, schriftliche Exkulpation. 100

Die Einhaltung aller regulativen Vorgaben ist ebenfalls eher möglich, wenn Steuerberaterinnen und Steuerberater der Mandantschaft die von allen konkret zu erfüllenden Aufgaben nochmals persönlich erklären und die dafür einzuhaltenden Fristen möglichst genau vorgeben. 101

7.2 „Risiko-Controlling" liegt nun auch bei den steuerlichen und wirtschaftsprüfenden Beraterinnen und Beratern

Mit Einführung des SanInsFoG wurde bei offenkundiger Annahme, dass der Mandantin eine mögliche Insolvenzreife nicht bewusst ist, eine Hinweis- und Warnpflicht für Steuerberaterinnen und Steuerberater und ähnlich tätige Berufsgruppen eingeführt. Die daraus resultierende Hinweispflicht wurde bereits hinlänglich umrissen. 102

Darüber hinaus wird aber auch vom Gesetzgeber erwartet, dass die steuerberatenden Berufe die Geschäftsführung und ggfs. die Vorstandsmitglieder auf die Pflicht zur Einberufung einer Gesellschafterversammlung oder Hauptversammlung bei Insolvenzreife des krisenbehafteten Unternehmens hinweisen. Steuerliche und wirtschaftsprüfende Beraterinnen und Berater werden auch hier als sachkundig gesehen und sind sogar gesellschaftsrechtlich aufklärungspflichtig.

7.3 Plausibilitätsprüfung bei Vorlage der Fortbestehensprognose

103 Kommen Beraterinnen und Berater im Rahmen ihrer Prüfung bei der Vorlage einer positiven Fortbestehensprognose durch die Geschäftsleitung zu der Erkenntnis, dass die Einschätzung der Geschäftsführung unrichtig oder abweichend zu ihrer fachkundigen Meinung ist, so haben sie auf die Unrichtigkeit der angewandten Grundsätze im Hinblick auf die Unternehmensfortführung hinzuweisen.

104 Für die steuerlichen Beraterinnen und Berater empfiehlt es sich, dass sie sich Quellen und Informationen zur Fortbestehensprognose (Liquiditätsplanung) von der Geschäftsführung aushändigen lassen. Gerade dann, wenn schon bekannt ist, dass die Branche in Schwierigkeiten ist und allgemein zugängliche Wirtschaftsdaten auf Rezession oder Marktprobleme hinweisen.

105 Bescheinigungen oder Testate dürfen ebenfalls dann nicht erteilt werden, wenn trotz schwerwiegender Zweifel bestimmte Forderungen in die Liquiditätsplanung eingeplant wurden, die bekanntermaßen mit hohem Ausfallrisiko verbunden sind oder zum Beispiel laufende Prozesse im debitorischen Bereich nicht mit der nötigen Risikobetrachtung eingeplant wurden.

7.4 Aufforderung zur Vorlage einer plausiblen Fortbestehensprognose

106 Ist die vermeintlich positive Fortbestehensprognose nach einer gewissenhaften Prüfung nicht zu plausibilisieren, insgesamt unschlüssig oder schlichtweg überambitioniert und verlangt die Geschäftsführung trotzdem die Erstellung der Bilanz zu Fortführungswerten, sollten Beraterinnen und Berater die Mandantin unter Nennung des tatsächlichen Sachverhalts zur Nachbesserung der Prognose auffordern oder ihr dazu raten, einen fachkundigen Dritten hinzuziehen, der die Prognose überarbeitet bzw. neu erstellt.

107 Mit dem Blick eines neutralen Sachverständigen sind Steuerberaterinnen und Steuerberater verpflichtet, die Fortbestehensprognose dann anzuzweifeln oder als unrichtig zu erklären, wenn tatsächliche oder rechtliche Gegebenheiten entgegenstehen.

7.5 Keine Herausgabe von Arbeitsbilanzen bei bilanzieller Überschuldung

108 Zu beachten gilt weiter, dass auch eine Arbeitsbilanz unter Going-Concern-Werten nicht außer Haus gegeben werden darf, wenn die entsprechende gesetzliche Problematik der handelsrechtlichen Überschuldung bekannt ist und keine weiteren Maßnahmen zur Neutralisierung der Insolvenzantragspflicht vonseiten der Geschäftsführung erfolgen.

7.6 Sicherung der Zahlungsfähigkeit

Im Rahmen einer Besprechung sollten bereits erste Maßnahmen zur Verbesserung der Lage thematisiert werden. Meist handelt es sich hier um Einsparpotentiale, die nur ungern gegenüber der Mandantin angesprochen werden, sich aber als effektives Mittel erweisen können, um die angespannte Liquiditätssituation zu entlasten. Dazu gehört auch eine zeitnahe Reduzierung der Geschäftsführergehälter, der Ausschüttungen bzw. der Entnahmen bei Freiberuflern oder Gewerbetreibenden. Dies anzusprechen fällt vielen Beraterinnen und Beratern allerdings schwer, da es sich um unangenehme Thematiken handelt. 109

Ein weiterer vermeintlich wunder Punkt bei vielen Mandantinnen sind familiäre Zusammenhänge. Auch hier halten sich viele Steuerberaterinnen und Steuerberater zurück und sprechen die Thematik nicht oder nur ungern an. Bespiele hierfür sind lang fällige Forderungen gegenüber Familienangehörigen, zu hohe Personalkosten für Familienmitglieder, die im Unternehmen beschäftigt werden oder auch viel zu teure Fahrzeuge für Familienangehörige, die allesamt die Liquidität und Ertragskraft des Unternehmens belasten. 110

7.7 „Gefühlte" Zwänge der steuerberatenden Berufe

Viele Steuerberaterinnen und Steuerberater scheuen sich eine sich abzeichnende Krise oder gar drohende Insolvenz insbesondere bei Mandantinnen anzusprechen, zu denen ein sehr enges persönliches Verhältnis besteht. Hier entsteht oft ein vermeintlicher innerer Zwang, die bedrohliche Lage zu relativieren. 111

Aber auch dann dürfen Steuerberaterinnen und Steuerberater die Haftungsgefahren nicht ignorieren. Hier gilt es sich selbst und die Mandantin durch rechtzeitiges Eingreifen zu schützen. Die erkannten Probleme zu verschweigen hilft hier niemandem! 112

7.8 Ohne Zeitverzug handeln!

Bei Erkenntnis eines vertieften Insolvenztatbestandes müssen Beraterinnen und Berater, um eigene Haftungsrisiken zu umgehen, das Mandat in letzter Konsequenz niederlegen. Es sollten unverzüglich alle Unterlagen des Unternehmens zur Übergabe bereitgestellt werden. Die Auslieferung sollte nur gegen eine Übernahmequittung erfolgen. Darin sollten sämtliche Akten und ggfs. treuhänderisch übergebene Unterlagen vom Personal aufgelistet sein, so dass ein Nachweis der Übergabe vorliegt. 113

Bei einer klar erkennbaren Vermögensverschiebung oder der aus neutraler Sicht perspektivlosen Verzögerung der Insolvenzanmeldung durch die Mandantin, müssen Steuerberaterinnen und Steuerberater zwingend ihre Arbeiten einstellen und das Mandat niederlegen. Hier handelt es sich nicht um eine Mandatsniederlegung zur Unzeit, da die gesetzlichen Vorgaben Steuerberaterinnen und Steuerberater zwingen, das Mandat niederzulegen, um nicht in die Mithaftung für eine mögliche Insolvenzverschleppung zu geraten. 114

7.9 Externe Spezialisten hinzuziehen

115 Für ein Gespräch, in dem die Insolvenzreife erklärt wird, ist es manchmal auch von Vorteil Sanierungs-/Insolvenzspezialisten hinzuzuziehen. So kann die Situation direkt fachkundig eingeschätzt werden und mit Lösungsvorschlägen versehen werden. Außerdem können sich Steuerberaterinnen und Steuerberater darauf verlassen, keine falschen Informationen weiterzugeben oder bei Fachfragen nicht angemessen reagieren zu können. Sie sichern sich selbst und ihre Mandantin mit qualifizierten und fundierten Informationen ab. Das konsequente Auftreten der Sanierungs-/Insolvenzspezialisten entlastet Steuerberaterinnen und Steuerberater auch dadurch, dass sie eben nicht allein die schlechten Nachrichten überbringen müssen.

116 Wird bei Anzeichen einer Krise zu spät oder gar nicht eingegriffen, verliert das Unternehmen langfristig jede Sanierungschance.

7.10 Sanierungsmaßnahmen haben Eile

117 Eine rasche Umsetzung von Sanierungsbemühungen ist durchaus sinnvoll und kann dazu führen, dass eine Insolvenz abgewendet werden kann oder aber zumindest noch eine Eigenverwaltung möglich ist, wenn früh genug gehandelt werden kann.

7.11 Schriftliche Dokumentation

118 Grundsätzlich ist und bleibt aber bei einem krisenbehafteten Mandat eine schriftliche Dokumentation aller wesentlichen Arbeiten und Ergebnisse der Beratung unersetzlich. Dies gilt insbesondere für die Hinweispflichten, die Steuerberaterinnen und Steuerberater aufgrund der aktuellen BGH-Rechtsprechung[9] im Rahmen der Erstellung von Jahresabschlüssen ihrer Mandantinnen in der Krise abzugeben hat.

119 Es ist aber generell wichtig, dass eine lückenlose schriftliche Dokumentation über den Zeitraum der Erstellung von Auswertungen und Bilanzen erfolgt, in dem die Krise des Unternehmens bekannt und von allen Beteiligten auch als solche wahrgenommen wurde.

120 Kommt es später zu Ermittlungen der Staatsanwaltschaft oder zu Anfechtungsversuchen durch den eingesetzten Insolvenzverwalter, ist hier die Dokumentation essenziell, um sich als Beraterin oder Berater zu exkulpieren.

121 Es ist somit von Vorteil, wenn in der kritischen Phase nach erster Vorlage der Bilanz mit Hinweis auf buchmäßige Überschuldung in Protokollen festgehalten wird, welche Arbeiten, Maßnahmen und Konsequenzen von der Geschäftsführung der Mandantschaft auf der einen Seite und von Steuerberaterinnen und Steuerberatern auf der anderen Seite zu erbringen bzw. umzusetzen sind.

9 BGH v. 26.01.2017 – IX ZR 285/14, WM 2017, 383 = Stbg 2017, 180.

Zudem ist es in dem Fall nötig, auch im Rahmen einer jahrelangen Mandatsbeziehung als Steuerberaterin oder Steuerberater noch einmal die allgemeinen Auftragsbedingungen auf Aktualität zu überprüfen. 122

Ist von der Mandantschaft eine aktive Unterstützung bei der Bewältigung der Krise durch die Steuerberaterin oder den Steuerberater gewünscht, sollten die Arbeitsumfänge ggfs. erneut schriftlich fixiert und im Rahmen einer Sondervereinbarung wechselseitig gezeichnet werden. 123

Bei Sanierung, Restrukturierung und Konsolidierung von Unternehmen ist von Steuerberaterinnen und Steuerberatern ggfs. auch darauf hinzuweisen, auf das Insolvenzrecht spezialisierte Beraterinnen und Berater hinzuzuziehen oder sogar die Vollmacht zu erhalten, selbst die nötigen Zuarbeiten solcher Spezialisten in Auftrag geben zu dürfen. Das Recht auf Kooperation mit Spezialisten sollte im Übrigen auch bereits in einer Sondervereinbarung mit aufgenommen werden, hier explizit die Weitergabe von Daten (DSGVO). 124

7.12 Muster Bilanzbesprechung

Mandat: ___	Mandatsnr.: _	Jahr: ___
Bilanzsumme (TEuro):	___	(Vorjahr: ___) 125
Jahresüberschuss (TEuro):	___	(Vorjahr: ___)
Betriebl. Leistung (TEuro):	___	(Vorjahr: ___)

Bilanzbesprechung

1. Wichtige Änderungen (z. B. Anlagevermögen, Forderungen, Verbindlichkeiten und Lieferung und Leistung, Liquidität)
2. Wichtige Änderungen GuV. (Umsatz/Kosten mit Vorjahr – Gründe)
3. Ermittlung des Rohgewinn (ggf. Vergleich mit Richtsätze)

	Teuro	v. H.		TEuro	v. H.
Rohgewinn	___	___	Vorjahr	___	___

Grund einer eventuellen Abweichung: _

4. Sonstige Themen

(1) Insolvenzindizien

___

(2) Überlegung zur Gewinnausschüttung

___

(3) Betriebliche Altersversorgung (Direktversicherung, Pensionszusage, EM/EF)

___

(4) Darlehensverträge, sonstige Verträge überprüft evtl. erneuern

___

(5) Protokoll Gesellschafterversammlung

____

(6) Sonstiges (Investitionsmöglichkeiten, Umschuldungen)

____

(7) Erläuterung Steuernachzahlungen bzw. -erstattungen

____

8 Die tragende Rolle der (positiven) Fortbestehensprognose

8.1 Was ist eine Fortbestehensprognose?

Nach Feststellung einer buchmäßigen Überschuldung durch die Steuerberaterin oder den Steuerberater ist sofort und ohne Zeitverzug die Geschäftsführung, noch im Rahmen der Vor- und Aufbereitung des Jahresabschlusses, über den festgestellten Sachverhalt zunächst schriftlich in Kenntnis zu setzen. 126

Der Jahresabschluss darf dann ohne Vorlage einer positiven Fortbestehensprognose nicht mehr unter Going-Concern-Bedingungen erstellt und herausgegeben werden! 127

Die Geschäftsführung, oder ein fachkundiger Dritter, der mit der Erstellung beauftragt werden kann, hat einzuschätzen, ob im Rahmen der Erstellung einer positiven Fortbestehensprognose die Fortführung der Unternehmenstätigkeit möglich bzw. überwiegend wahrscheinlich ist (Zahlungsfähigkeitsprognose). 128

Die Fortführungsfähigkeit des Unternehmens betrifft die wirtschaftliche Lebensfähigkeit und stellt in erster Linie eine Zahlungsfähigkeitsprognose dar, die aus einer realistischen Liquiditätsplanung sowie einer integrierten Erfolgs- und Vermögensplanung abzuleiten ist. Der Schwerpunkt liegt rein auf der Zahlungsfähigkeit des Unternehmens für die nächsten 2 Wirtschaftsjahre. 129

8.1.1 Allgemeine Daten

Folgende allgemeine Daten zum Unternehmen werden für die Erstellung einer Fortbestehensprognose in der Regel mindestens benötigt: 130

- Gesellschaftsdaten (Name, Adresse, Telefon, Fax, E-Mail etc.),
- Gesellschaftsvertrag,
- Gesellschafterliste,
- aktueller Handelsregisterauszug,
- Sondervereinbarungen/Prokura,
- Gründungsjahr,
- Anzahl der gewerblichen Mitarbeiter und Mitarbeiterinnen,
- Inanspruchnahme von Sanierungsberatungen in der Vergangenheit (wann, durch wen),
- Kontaktdaten der Hausbank(en),
- Vereinbarungen/Verträge zu Pensionszusagen und Altersvorsorge.

8.1.2 Krisenursachen und Indikatoren

131 Folgende Fragen sind zu klären und diesbezügliche Informationen einzuholen:

- Erwartungen zur Geschäftsentwicklung des laufenden und folgenden Geschäftsjahres (abnehmend, gleichbleibend, zunehmend),
- Höhe der Verbindlichkeiten aus Lieferung/Leistung (inkl. Fälligkeiten),
- Höhe der Forderungen aus Lieferung/Leistung (inkl. Fälligkeiten),
- Anzahl und Art der Gläubiger (sofern nicht aus OP-Liste ersichtlich),
- aktuelle Auftragslage inkl. Angaben zur Auslastung,
- aktuelle Kontostände und sonstige liquide Mittel,
- besondere Umstände,
- außergewöhnliche Risiken,
- aktuelles Verhalten der Gläubiger (Stundung, Stillhalten, Mahnung, Vollstreckung).

8.1.3 Vollstreckung etc. (ggf. mit Nachweis)

132 Zu den laufenden Vollstreckungsversuchen der Gläubiger werden nachfolgende Informationen benötigt:

- Mahnbescheide inkl. Widersprüche,
- Vollstreckungstitel inkl. Widersprüche und Begründung,
- ggfs. Klageschriften.

8.1.4 Betriebswirtschaftliche Situation

133
- BWA inkl. Summen- und Saldenliste (aktuell sowie per Dezember des vergangenen Geschäftsjahres),
- letzten 3 Jahresabschlüsse (ggfs. vorläufig),
- Kundenstruktur (z.B. wichtige Auftraggeber mit besonderen Abhängigkeiten),
- Lieferantenstruktur (z.B. wichtige Zulieferer ohne Ersetzbarkeit),
- Art und Höhe von Bankkrediten sowie dafür gegebene Sicherheiten,

sonstige vertragliche Verpflichtungen (Dauerschuldverhältnisse wie Miete, Leasing etc.).

8.1.5 Schaubild zur Fortbestehensprognose

134

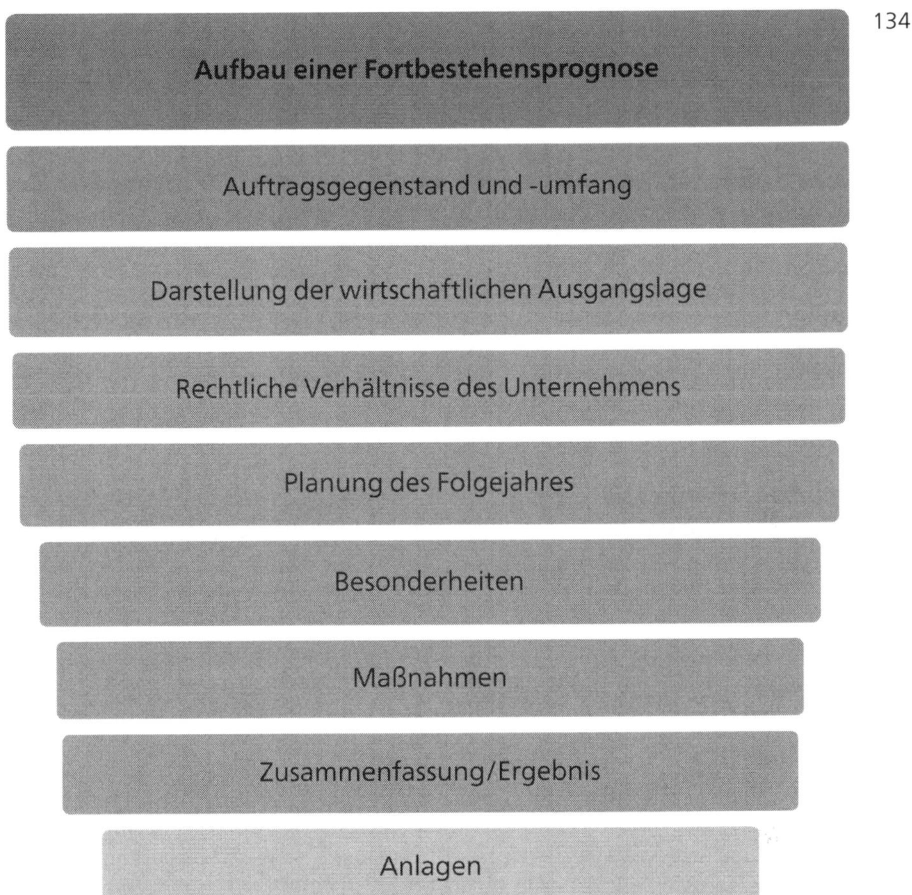

Abbildung 1: Aufbau einer Fortbestehensprognose (Quelle: Eigene Darstellung)

8.2 Abgrenzung der Fortbestehensprognose zur klassischen Fortführungsprognose

Die nachfolgenden Ausführungen zur Fortbestehensprognose stellen die aus- 135
drückliche Abgrenzung zu anderen im Sanierungskontext angewandten Instrumenten, insbesondere der Fortführungsprognose, dar. In der täglichen Praxis der Sanierungsberatung hat sich herausgestellt, dass – selbst im Kreis der Sanierungsexperten – noch immer eine begriffliche Unschärfe auftritt, die zu Missverständnissen oder sogar Fehlern führen kann, die unter Umständen aufgrund der zeitlichen Entwicklung nicht mehr korrigierbar sind und die nebenbei auch

erheblichen Einfluss auf die möglicherweise entstehenden Kosten der Sanierung haben.

136 So wird, wenn von einer Überschuldungsprüfung die Rede ist, immer wieder fälschlicherweise von der Notwendigkeit der Erstellung einer Fortführungsprognose gesprochen und umgekehrt. Mittlerweile haben sich jedoch die Begrifflichkeiten im Sprachgebrauch verfestigt, die auf eine klare Trennung beider Prognoseinstrumente und die an sie gestellten Anforderungen und Verwendungszwecke abzielen, auch wenn die äußerliche Ähnlichkeit der dafür verwendeten Termini zugegebenermaßen dies nicht gerade erleichtert.

8.2.1 Fortführungsprognose stellt umfassend die Krisensituation dar

137 Die Fortführungsprognose stellt – regelmäßig in Anlehnung an den Standard IDW S-6[10] ausgefertigt – eine umfassende Beurteilung der wirtschaftlichen Situation des Unternehmens in der Krise dar. Dies schließt i. d. R. die wesentlichen im genannten IDW-Standard aufgeführten Elemente ein, wie z. B. Analyse der Krisenursachen, Feststellung des Krisenstadiums, Krisenbewältigungsstrategien und deren Überprüfung auf Umsetzbarkeit anhand von Branchen- und Marktsituation, Produkten/Dienstleistungen, Unternehmensorganisation, Qualität der Führungskräfte und der Mitarbeiter und Mitarbeiterinnen, ein Leitbild des sanierten Unternehmens sowie eine integrierte Unternehmensplanung für drei Jahre.

138 Schon daraus ist ersichtlich, dass eine solche Fortführungsprognose erheblich umfangreicher und in der Erstellung deutlich aufwändiger sein muss und sich sowohl hinsichtlich des Zweckes und der möglichen Adressaten grundlegend von einer Fortbestehensprognose unterscheidet.

8.2.2 Banken fordern in erster Linie eine positive Fortführungsprognose ab

139 In der täglichen Praxis werden es also primär Finanzierungspartner sein, die aufgrund eines von der Kreditnehmerin vorgelegten Jahresabschlusses oder anhand anderer Informationen (Bankauskünfte, Rating durch Auskunfteien, Limitvergaben von Warenkreditversicherern usw.) zu der Beurteilung gelangt sind, dass sich die Kreditnehmerin in wirtschaftlichen Schwierigkeiten befindet. Sie machen daher ihre Bereitschaft zur Aufrechterhaltung oder Ausweitung des Kreditengagements entsprechend der Anforderungen des Kreditwesengesetzes und anderer Verpflichtungen (MaRisk) von einer positiven Fortführungsprognose abhängig.

140 Gleichzeitig ist die Fortführungsprognose im Kontext ihrer Adressaten und des denkbaren Zeitpunktes ihrer Erstellung weder dafür gedacht noch dazu geeignet, Steuerberaterinnen und Steuerberater bei der Aufstellung des Jahresab-

10 Sanierungskonzept nach dem IDW Standard S-6.

schlusses einer handelsrechtlich überschuldeten Kapitalgesellschaft zu entlasten. Es sollte daher Klarheit über die Begrifflichkeiten und deren Unterscheidung bestehen.

8.3 Überschuldungsprüfung

Zunächst ist damit noch einmal klargestellt, dass die handelsbilanzielle Über- 141
schuldung allein zunächst noch keine Insolvenzantragspflicht konstituiert. Leider bedeutet dies letztlich keine Vereinfachung. Die daraus folgende Notwendigkeit der Identifikation einer Überschuldung im insolvenzrechtlichen Sinne ist komplex, da die Vorgehensweise die geeignet ist, diesen Ansprüchen zu genügen, unter Umständen mehrstufig ablaufen muss.

Die grundsätzliche Aufgabe besteht darin zu prüfen, ob die handelsbilanzielle 142
Überschuldung tatsächlich auch eine Überschuldung im insolvenzrechtlichen Sinne gem. § 19 InsO darstellt.

Aufgrund dieser klaren Aufgabenstellung wird noch einmal sehr deutlich, dass 143
das in diesem Zusammenhang immer wieder vorgebrachte Argument, es läge doch eine Rangrücktrittsvereinbarung vor, die die handelsrechtliche Überschuldung heilen würde, vollständig ins Leere läuft. Ein erst in der Insolvenz – also zeitlich und logisch später – wirksamer Rangrücktritt (i. S. d. § 39 InsO), hat mit der Liquidität des Unternehmens in der Krise, also vor der Insolvenz nichts zu tun. Insofern heilt er dabei auch nicht die Überschuldung. Das gleiche gilt im Übrigen auch für das ähnliche Argument der stillen Reserven.

8.3.1 Die richtige Vorgehensweise bei einer Überschuldungsprüfung

Wie ist bei der notwendig gewordenen Überschuldungsprüfung nun vorzuge- 144
hen? Folgt man dem Standard IDW S-11[11], ist eine Prüfung der möglichen Antragspflicht i. S. d. § 19 InsO in zwei Schritten vorzunehmen:

Zunächst durch Erstellen einer Fortbestehensprognose. Ist diese positiv, besteht 145
keine Antragspflicht nach § 19 InsO und der Jahresabschluss kann unter dem Fortführungsaspekt aufgestellt werden. Ist diese negativ, muss zweitens ein Überschuldungsstatus aufgestellt werden, anhand dessen erkennbar wird, ob die Gesellschaft (noch) über positives Reinvermögen verfügt. Ist dies der Fall, liegt ggfs. nur noch eine drohende Zahlungsunfähigkeit vor, was zumindest ein Insolvenzantragsrecht des schuldnerischen Unternehmens begründet.

Weist bei negativer Fortbestehensprognose gleichzeitig auch der Überschul- 146
dungsstatus ein negatives Reinvermögen aus, liegt definitiv eine Antragspflicht wegen Überschuldung vor.

11 IDW Standard S 11: Beurteilung des Vorliegens von Insolvenzeröffnungsgründen.

8.3.2 Schaubild zum Prüfungsablauf

147 Es liegt eine bilanzielle Überschuldung vor

Erstellung einer Fortbestehensprognose

Positiv

Negativ

Es liegt **keine Antragspflicht** vor

Erstellung eines Überschuldungstatus / einer Überschuldungsbilanz

Negatives Reinvermögen?

Vorhanden

Nicht vorhanden

Das Unternehmen ist überschuldet. Es besteht eine Antragspflicht!

Das Unternehmen ist nicht überschuldet. Es besteht ggfs. ein Antragsrecht, jedoch keine Antragspflicht!

Abbildung 2: Prüfungsablauf bei der Überschuldungsfeststellung (Quelle: Eigene Darstellung)

8.3.3 Aufwendige Erstellung eines Überschuldungsstatus

148 Die Erstellung des Überschuldungsstatus ist alles andere als trivial, sondern vergleichsweise aufwendig. Die bilanziellen Rechnungslegungsgrundsätze finden dabei keine Anwendung. In diesem Status spielen im Wesentlichen abweichende Ansatz- und Bewertungsspielräume eine Rolle. Im Unterschied zur Handelsbilanz gelten handelsrechtliche Aktivierungsverbote im Überschuldungsstatus nicht. Die nachfolgende Aufzählung, die keinen Anspruch auf Vollständigkeit erhebt, verdeutlicht das:

Grundsätzlich sind Aktiva und Passiva zu Liquidationswerten zu bewerten. Dabei sind vorhandene Marktpreise anzusetzen, wobei die wahrscheinlichste Verwertungsmöglichkeit zu unterstellen ist. Im Unterschied zur Handelsbilanz werden für den Überschuldungsstatus stille Reserven oder Lasten aufgedeckt. Ausstehende Einlagen werden aktiviert, sofern sie als werthaltig anzusehen sind. Immaterielle Vermögenswerte unterliegen einer Ansatzpflicht für den Fall, dass sie praktisch veräußerbar sind. 149

Ein originärer oder derivativer Geschäfts- oder Firmenwert kann ebenfalls angesetzt werden, sofern ein Verkauf von Betriebsteilen bereits konkrete Gestalt angenommen hat und der vereinbarte Kaufpreis betraglich die Summe der zu veräußernden Assets übersteigt. Gesellschaftsrechtlich begründete Ansprüche sind ebenso aktivierungsfähig wie vertragliche Ansprüche gegenüber Dritten. Auch Aktiva, die als Kreditsicherheiten dienen, sind anzusetzen. 150

Auch auf der Passivseite bestehen erhebliche Unterschiede zur Going-Concern-Bilanz. Die mit einer Liquidation verbundenen Kosten wie Sozialplankosten, steuerliche Aufwendungen und Vertragsstrafen sind zu passivieren. Analog zu den vertraglichen Ansprüchen auf der Aktivseite gilt das auch für sich möglicherweise ergebende Gegenansprüche auf der Passivseite. Latente Steuern sind grundsätzlich ansetzbar, allerdings wird eine Liquidation der Nutzung von Steuervorteilen in den meisten Fällen rein praktisch entgegenstehen. Rückstellungen sind nur dann passivierungspflichtig, wenn eine tatsächliche Inanspruchnahme im Rahmen der Liquidation überwiegend wahrscheinlich ist. Pensionsrückstellungen sind zum Wert ihrer Ablösung anzusetzen. Nachrangige Verbindlichkeiten wie z. B. Gesellschafterdarlehen sind selbst dann zu passivieren, wenn dafür ein Rangrücktritt erklärt wurde. 151

Diese kurze Auswahl mag verdeutlichen, dass der zweite Schritt der Prüfung der Insolvenzreife, die Aufstellung eines Überschuldungsstatus, alles andere als einfach ist.

8.3.4 Fortbestehensprognose kann nicht ohne weiteres aus Buchführung entwickelt werden

Dies gilt bei näherer Betrachtung jedoch gleichermaßen für den ersten Schritt, da die Fortbestehensprognose nicht ohne weiteres aus der Buchhaltung entwickelt werden kann. Denn die Aufgabe besteht im Kern darin, eine Zahlungsfähigkeitsprognose abzugeben, die – das sagt schon der Name – in die Zukunft gerichtet ist und demnach eine Planungsrechnung erfordert. 152

Mittels dieser Prognose muss also – kurz gesagt – die integrierte Finanzplanung des Unternehmens daraufhin geprüft werden, ob das Unternehmen im Kontext der äußeren Umstände und des Unternehmenskonzeptes in der Lage ist, zumindest im laufenden und im folgenden Geschäftsjahr seine jeweils fälligen Verbindlichkeiten zu erfüllen, die Aufrechterhaltung seiner Zahlungsfähigkeit also überwiegend wahrscheinlich ist. Dabei müssen Umfang und Details der Fortbestehensprognose dem Stadium und dem Ausmaß der aktuell bestehenden Unternehmenskrise angemessen sein. 153

154 Das gesetzgeberische Ziel, durch die Präzisierung bzw. teilweise Neufassung des Überschuldungsbegriffs frühzeitige Insolvenzanträge zu ermöglichen und somit Sanierungen unter dem Schutz der Insolvenzordnung zu fördern, ist volkswirtschaftlich durchaus sinnvoll.

155 Allerdings wurde dieses Ziel noch immer nicht vollumfänglich erreicht, denn nach wie vor wird die überwiegende Mehrheit der Insolvenzanträge tatsächlich erst bei faktischer Zahlungsunfähigkeit, also in einem sehr späten Stadium der Unternehmenskrise gestellt. Eine gerichtliche Sanierung im Rahmen des ESUG ist in diesen Fällen aufgrund des häufig bereits fortgeschrittenen Verzehrs der schuldnerischen Vermögenswerte erheblich erschwert.

156 Trotz der neuen Sicht auf die insolvenzrechtliche Überschuldung wird der nunmehr geltende Überschuldungstatbestand nur dann eine rechtzeitige Sanierung ermöglichen, wenn auch der Schuldner bzw. seine Organe dessen Funktion als Krisenfrüherkennungsinstrument begreifen.

8.3.5 Checkliste Fortbestehensprognose

157 Mandant: ____________________

Stand: ____________________

Bearbeiter: ____________________

Tabelle 1: Checkliste Fortbestehensprognose (Quelle: Eigene Darstellung)

Maßnahmen	Problematisch j/n	Erledigt j/n	Bemerkungen
Volkswirtschaftliche Einflussgrößen			
a) Politisch			
– Behördliche Auflagen			
– Umweltschutz			
b) Wirtschaftlich			
– Verbraucherverhalten, konjunkturelle Einflüsse			
– Entwicklungen in (für Unternehmen) wichtigen Branchen			
– Ressourcen und ihre Kosten (Energie, Arbeit ...).			
Angebotene Produkte und Leistungen			
– Auftragsbestand, Auslastung bis			
– Übersicht und Gewichtung – Schwerpunkte – Umsatzanteile Deckungsbeiträge ggf. nach Produktgruppen)			
– Wesentliche Merkmale und (zu erwartende) Veränderungen, Zukunftssicherheit, qualitative Eigenschaften			
– Beschreibung der Kundennutzen, Anwendungsbereiche			
– Produktabhängigkeiten Lieferanten			

Maßnahmen	Problematisch j/n	Erledigt j/n	Bemerkungen
– Anwendungstechnische Beratungsleistungen, Serviceleistungen, Garantien			
– Stand + Entwicklung erhaltener Reklamationen, Garantie-Inanspruchnahme, Kulanzleistungen			
– Aussagen zu der Ausgewogenheit des Verkaufssortimentes, Anteil an Spezialitäten und zu erwartenden Folgegeschäften			
Verkaufsorganisation, Absatzwege, Absatzgebiete, Kundenstruktur, Werbung			
– Umsätze und Deckungsbeiträge nach Regionen/Branchen + Entwicklung der Marktanteile			
– Verträge und Beziehungen mit Absatzmittlern			
– Anzahl der Kunden, Kundenstruktur			
– Langfristige Verträge			
– Preissituation			
– Art und Kosten der Verkaufsförderung			
– Abzusehende Veränderungen			
Absatzmarkt			
– Zusammensetzung und Verteilung des Absatzmarktes, aktuell, zu erwartende Veränderungen			
– Zielmärkte (nach Produkten, Vertriebswegen, Kundengruppen)			
– Definition des für das Unternehmen relevanten Marktes			
– Entwicklung des relevanten Marktes in der Vergangenheit, Begründung			
– Wettbewerber mit gleichartigen Produkten + Leistungen, Marktnischen			
– Bestimmungsfaktoren des Marktpotentials (mögliche Mengen, Aufnahmefähigkeit des Marktes) in Vergangenheit und Zukunft			
– Zu erwartende Marktveränderungen durch Bedarfsverschiebungen, Bedeutung von Substitutionsprodukten, Branchenbesonderheiten			
Konkurrenzanalyse			
– Aufstellung der Konkurrenten,(soweit bekannt) Umsätze, Marktanteile je Produkt/Leistung			
– Fähigkeiten und Ressourcen bestehender und potenzieller Konkurrenten			
– Gegenwärtige und voraussichtliche Strategien der Konkurrenten			
– Stärken und Schwächen der Konkurrenz im Vergleich zum Unternehmen			

Maßnahmen	Problematisch j/n	Erledigt j/n	Bemerkungen
– Vergleiche hinsichtlich Produktqualität, Preisniveau, Produktimage, Sortimentsbreite, Vertriebssystem, Marketingkonzept, Image, Finanzkraft, Rentabilität, Strategien			
– Bedeutende Veränderungen in der Vergangenheit und künftig zu erwartende, wie Strategien im Vergleich zum eigenen Unternehmen, Preisaggressivität, Zukäufe, Fusionen, Allianzen, neue Märkte, innovative Produkte			
Leistungserstellung			
– Betriebseinrichtung, Technische Anlagen, Alter & Zustand			
– Know-how			
– Kapazität, (Re-)Investitionsbedarf			
– Standortvorteile & -nachteile.			
Beschaffung			
– Entwicklung des Einkaufsmarktes (Anzahl der Anbieter, Lieferanten, Liefermonopole + -kartelle, Kapazität und Auslastung, Substitutionsmöglichkeiten)			
– Informationen über die Zulieferer			
– Vergleich der Vor- oder Nachteile gegenüber Konkurrenten			
Ver- und Entsorgung			
– Energie (wie Rohstoffe),			
– Fragen der Entsorgung und des Umweltschutzes, Vorschriften, erforderliche Genehmigungen			
– evtl. vorhandene Umwelt-Altlasten			
Personal, Organisation			
– Internes Organigramm			
– Aufstellung Anzahl Mitarbeiter, Funktionsbereiche, Qualifikationen, Altersstruktur, Betriebszugehörigkeit			
– Personalentwicklung der letzten 5 Jahre			
– Lohn- und Gehaltsniveau, Sonderleistungen, Pensionsverpflichtungen			
– Betriebsklima, Motivation, Leistungsträger			
Management, Führungsstruktur, Strategien			
Analyse der rechtlichen Verhältnisse			
Zusammenstellung und Beschreibung			
– der Verträge, insbesondere langfristiger Verträge,			

Maßnahmen	Problematisch j/n	Erledigt j/n	Bemerkungen
– der Genehmigungen, Prüfungen, Beanstandungen, Auflagen oder Vereinbarungen von bzw. mit Aufsichts- o. ä. Behörden			
– der laufenden und erwarteten Rechtsstreitigkeiten			
– der Rechte an immateriellen Vermögensgegenständen			
– Handelsregisterauszüge			

8.3.6 Insolvenzrechtliche Überschuldungsprüfung erfolgt in mehreren Schritten

Die Beurteilung des Vorliegens von Insolvenzantragsgründen bei juristischen Personen und Personengesellschaften, insbesondere die Prüfung, ob die handelsrechtliche Überschuldung auch eine insolvenzrechtliche Überschuldung i. S. d. § 19 InsO darstellt, erfolgt in mehreren Schritten: 158

- Feststellung der fortgeschrittenen Krise,
- Feststellung einer handelsrechtlichen Überschuldung (Handelsbilanz),
- Beantwortung der Frage, ob (drohende) Zahlungsunfähigkeit zu konstatieren ist (Fortbestehensprognose),
- wenn Fortbestehensprognose positiv, dann keine insolvenzrechtliche Überschuldung und damit keine Insolvenzantragspflicht,
- wenn Fortbestehensprognose negativ, dann Prüfung des Reinvermögens (Überschuldungsstatus),
- wenn Reinvermögen positiv, dann ggfs. Insolvenzantragsrecht wegen (drohender) Zahlungsunfähigkeit,
- Wenn Reinvermögen negativ, dann Insolvenzantragspflicht wegen Zahlungsunfähigkeit und Überschuldung.

8.3.7 Grundsätze zur Erstellung des Überschuldungsstatus weichen von handelsrechtlichen Prinzipien ab

Die Erstellung des o. g. Überschuldungstatus im Zuge der Prüfung der Antragspflicht folgt besonderen, dem drohenden Insolvenzszenario Rechnung tragenden Regeln. In der Tat weichen die Grundsätze, nach denen ein solcher Überschuldungsstatus zu erstellen ist, in zahlreichen Punkten von bekannten handelsrechtlichen Prinzipien ab. Dabei fällt insbesondere auf, dass 159

- etwaige stille Reserven oder Lasten aufgedeckt werden,
- im Handelsrecht geltende Aktivierungsverbote weitgehend irrelevant sind,
- ausstehende Einlagen bei Werthaltigkeit aktiviert werden,
- sonstige immaterielle Vermögenswerte einer Ansatzpflicht unterliegen, sofern sie veräußerbar sind,

- originäre oder derivative Geschäfts- oder Firmenwerte angesetzt werden, sofern ein Verkauf von Betriebsteilen konkret ist und der erwartete Kaufpreis die Summe der einzelnen Vermögensgegenstände übersteigt,
- gesellschaftsrechtlich begründete Ansprüche sowie vertraglich feststehende Ansprüche gegenüber Dritten aktivierungsfähig sind (analog gilt das auch auf der Passivseite für etwaige sich ergebende Gegenansprüche),
- aktive latente Steuern grundsätzlich ansetzbar sind (obgleich die Nutzung von Steuervorteilen im Abwicklungsszenario schwierig ist),
- Rückstellungen nur dann anzusetzen sind, wenn ernsthaft mit einer Inanspruchnahme des Unternehmens bei einer Liquidation zu rechnen ist,
- nachrangige Verbindlichkeiten wie z. B. Gesellschafterdarlehen passiviert werden, was selbst ein Rangrücktritt nicht verhindert, es sei denn, der Nachranggläubiger hat seine Forderung für den Insolvenzfall ausdrücklich rechtssicher erlassen.

8.3.8 Rangrücktritt hat auf Liquidität des Unternehmens keinen Einfluss

160 Die Frage, ob ein Rangrücktritt von Gläubigern i. S. d. § 39 InsO geeignet ist, die Fortbestehensprognose positiv zu beeinflussen, ist leicht zu beantworten: Nein!

161 Der Rangrücktritt hat auf die Liquidität des Schuldners keinerlei Einfluss. Er tangiert also seine Zahlungsfähigkeit nicht. Falls die Zahlungsfähigkeit in der Fortbestehensprognose nicht positiv zu beurteilen ist, verlässt die weitere Prüfung die Ebene der Liquidität und wechselt auf die bilanzielle Seite.

162 Hier wird insolvenzrechtlich (und nicht handelsrechtlich) untersucht, ob ein schuldnerisches Reinvermögen vorhanden ist. Dazu werden alle Verbindlichkeiten (einschließlich Eventualverbindlichkeiten und nachrangige Verbindlichkeiten, s. o.) berücksichtigt. Ein Rangrücktritt lässt bestehende Verbindlichkeiten nicht einfach verschwinden. Er hat lediglich zur Folge, dass diese Gläubiger im Insolvenzfall (also zeitlich und logisch weit nach der Prüfung der Antragspflicht) im Rang hinter die normalen Insolvenzgläubiger zurücktreten, also erst dann befriedigt werden, wenn sämtliche Gläubiger i. S. d. § 38 InsO vollständig befriedigt wurden. Ein Rangrücktritt sollte daher auch auf die Ermittlung des Reinvermögens in einem fiktiven Zerschlagungsszenario auch erst gar nicht berücksichtigt werden.

8.3.9 Rangrücktritt hat nur noch Signalwirkung auf Bonität bei Finanzierungspartnern

163 Letztlich ist zu konstatieren, dass ein Rangrücktritt vor dem Hintergrund dieser Gesetzeslage und Rechtsprechung lediglich geeignet ist, bestimmte Gläubiger wie z. B. Banken und Großlieferanten, sofern sie nicht ohnehin besichert sind, bei ihrer Beurteilung der Kreditwürdigkeit des Schuldners positiv zu beeinflussen, weil sie durch einen Rangrücktritt die Sicherheit haben, dass

a) nicht die dem Schuldner nahestehende Gläubiger (z. B. Gesellschafter und Gesellschafterinnen) im Insolvenzfall die gleichen Rechte haben und

b) mit einer höheren Quote für die Insolvenzgläubiger zu rechnen ist, da die nachrangigen Gläubiger an der Verteilung in der überwiegenden Zahl der Fälle nicht teilnehmen. Alle anderen vermeintlichen Vorteile einer Rangrücktrittserklärung in einem solchen Szenario beruhen mehrheitlich auf hartnäckigen Missverständnissen.

8.4 Wer erstellt die Fortbestehensprognose?

Ist die Geschäftsführung als gesetzlicher Vertreter der Gesellschaft nicht in der Lage, ihren Verpflichtungen hinsichtlich der Erstellung und Vorlage einer Fortbestehensprognose nachzukommen, ist zwingend ein fachkundiger Dritter zu beauftragen. 164

Steuerberaterinnen und Steuerberater sollten auf keinen Fall die positive Fortbestehensprognose selbst erstellen, weil sie in diesem Falle, neben einer möglichen Interessenkollision bspw. Aufstellung eines Gutachtens für eigene Zwecke, bei Falsch- oder Fehlplanung sich möglicherweise später einem Haftungsszenario ausgesetzt sehen. Eine falsche, fehlerhafte Fortbestehensprognose ist einhergehend mit der fehlerbehafteten Erstellung eines Jahresabschlusses unter Going-Concern-Werten. 165

Grundsätzlich gilt, dass bei Risiken, die den Fortbestand des Unternehmens gefährden können, Steuerberaterinnen und Steuerberater sich vor erstmaliger und auch wiederholter Auftragsannahme eine Einschätzung verschaffen müssen, ob die Geschäftsführung bereit ist, bei Bedarf die positive Fortbestehensprognose vorzulegen oder eben ein fachkundiger Dritter mit der laufenden Prüfung und Anpassung beauftragt wird. 166

Eine von der Geschäftsführung vorgelegte Fortbestehensprognose dürfen Steuerberaterinnen und Steuerberater nicht zugrunde legen, wenn sie sofort als nicht plausibel oder untauglich angesehen wird. Regelmäßig untauglich ist die Fortbestehensprognose insbesondere dann, wenn die Prognose für eine fachkundige Person nicht nachvollziehbar ist oder die Ausführungen dem eigenen Kenntnisstand der Beraterin oder des Beraters widersprechen. Steuerberaterinnen und Steuerberater gelten selbstverständlich in dieser Konstellation immer als sachverständig. Die Beraterinnen und Berater dürfen niemals an erkannten unzulässigen Wertansätzen oder Darstellungen mitwirken. 167

Die Hinweis- und Warnpflicht für Beraterinnen und Berater ist dann zwingend zu berücksichtigen, wenn sie im Rahmen ihres Auftrages einen Insolvenzgrund (Zahlungsunfähigkeit nach § 17 Abs. 2 InsO, drohende Zahlungsunfähigkeit nach § 18 InsO sowie Überschuldung nach § 19 InsO) erkennen oder ernsthafte Anhaltspunkte für mögliche Insolvenzgründe erkennbar sind und angenommen werden müssen, die (mögliche) Insolvenzreife der Geschäftsleitung der Mandantin aber nicht bewusst ist. Da die Geschäftsleitung der Mandantschaft häufig im Zweifel behaupten wird, dass Steuerberaterinnen und Steuerberater 168 sehr wohl den Insolvenzgrund kannten und die Nichtkenntnis der Mandantin gesehen haben bzw. Unkenntnis vermuten konnten, müssen Beraterinnen und Berater deshalb immer die beschriebenen Hinweise und Warnungen entsprechend dokumentierend der Geschäftsleitung der Mandantin zur Verfügung stellen und wenn möglich mit Unterschrift bestätigen lassen.

169 Kommen die Beraterinnen und Berater im Rahmen ihrer Prüfung, zum Beispiel bei der Vorlage einer positiven Fortbestehensprognose durch die Geschäftsleitung, zu der Erkenntnis, dass die Einschätzung der Geschäftsführung unrichtig oder abweichend zu ihrer fachkundigen Prüfung ist, so haben sie auf die Unrichtigkeit der angewandten Grundsätze der Unternehmensfortführung hinzuweisen. Daneben ist es mittlerweile verpflichtend, dass dann Vorschläge zur Änderung/Anpassung zu unterbreiten sind und auf die entsprechende Umsetzung zu achten ist.

170 Können Jahresabschlüsse aufgrund fehlerhafter oder nicht positiver Fortbestehensprognosen nicht unter Fortführungsgesichtspunkten aufgestellt werden, ist ebenfalls das Mandat niederzulegen oder alternativ – wenn es der Auftrag hergibt – der Jahresabschluss unter Zerschlagungswerten aufzustellen.

Hierbei ist zu beachten, dass auch eine Arbeitsbilanz mit Going-Concern-Werten nicht außer Haus gegeben werden darf, wenn die entsprechende gesetzliche Problematik der handelsrechtlichen Überschuldung bekannt ist und keine weiteren Maßnahmen zur Neutralisierung der Insolvenzantragspflicht vonseiten der Geschäftsführung erfolgen.

8.5 Die zu spät erstellte Fortbestehensprognose – wenn Zögern zur Haftungsfalle wird

8.5.1 Die Welt verändert sich – der Markt reagiert

171 Die vergangenen Jahre waren für viele Unternehmerinnen und Unternehmen nicht nur von technischen, sondern auch von ökonomischen und strukturellen Veränderungen geprägt. Dabei geht es nicht nur um die jüngste Vergangenheit der Corona-Pandemie, die viele Veränderungen beschleunigt hat und deren Auswirkungen besonders deutlich hervortreten ließ; mit der zunehmenden Globalisierung haben sich Beschaffungs- und Absatzmärkte verändert, eine Veränderung, die mit der Weltfinanzkrise von 2007 und der Eurokrise von 2009 nur gebremst, aber nicht aufgehalten werden konnte.

172 Die Vielfalt der Produkte, die auf den nationalen Märkten erhältlich sind, ist geradezu explodiert. Durch internationale Bezugsmöglichkeiten wie beispielsweise Amazon kann fast jedes beliebige Produkt zu beinahe jeder beliebigen Zeit vom Endkunden erworben werden, wenn dem nicht gesetzliche Regelungen oder eine Selbstverpflichtung der Verkäuferin oder des Verkäufers entgegensteht.

8.5.2 Saisonale Abhängigkeit als erster Stolperstein

Besonders hart getroffen wurden Unternehmen, die nicht gleichmäßig über das Jahr verteilt ihre Umsätze erzielen, sondern starke periodische Umsatzschwankungen erleben und deren Hauptumsätze von bestimmten Zeiten oder bestimmten Ereignis abhängen. Als Beispiel sei hier die Hochzeitsindustrie genannt: Das Geschäft beginnt langsam im Januar, von März bis August ist es stabil und umsatzstark und nimmt dann kontinuierlich ab, bis es um die Weihnachtszeit vollständig zum Erliegen kommt. Noch deutlicheres Beispiel ist der Verkauf von Pyrotechnik: Das ganze Jahr über werden Feuerwerkskörper, größtenteils in Fernost, geordert und nach Deutschland importiert. Innerhalb von drei Tagen vor dem Ende des Jahres erwirtschaftet der Feuerwerksverkauf dann 95 % seines Jahresumsatzes. Erst mit dem Ende des ersten Quartals des nachfolgenden Jahres, wenn alle Retouren verbucht sind, kann der Jahresumsatz festgestellt werden. 173

8.5.3 Regulative Maßnahmen als letzte unüberwindbare Hürde

Viele dieser saisonalen Geschäfte wurden durch ökonomische, politische und auch gesundheitspolitische Veränderungen der jüngeren Vergangenheit stark in Mitleidenschaft gezogen. Um bei dem Beispiel der Feuerwerkssektors zu bleiben: Sowohl 2020 als auch 2021 gab es am Silvestertag Feuerwerksverbote, Verkaufsverbote und Absagen öffentlicher Feuerwerke. Laut dem Verband der pyrotechnischen Industrie brach der Jahresumsatz von 122 Mio. Euro (2019) auf 20 Mio. Euro (2020) ein. 174

Auf der anderen Seite haben viele Unternehmen, die von Saisongeschäft leben, oft schon lange vor Saisonbeginn Waren bestellt, Räume gemietet und Dienstleistungsverträge geschlossen. Wenn nun die Umsätze der Saison ausbleiben, weil beispielsweise wegen eines Versammlungsverbots keine Hochzeiten mehr durchgeführt werden, stehen den Kosten der Vergangenheit keine Umsätze mehr gegenüber. Hinzu kommen oft schon seit Jahren bestehende Belastungen, die sich nun plötzlich in den Vordergrund drängen, wie beispielsweise Pensionszusagen, für die entsprechende Rückstellungen gebildet werden müssen. 175

8.5.4 Die handelsrechtliche Überschuldung als Folge

Hier kann es schnell zu einer bilanziellen Überschuldung kommen, nämlich dann, wenn in der Handelsbilanz die Verbindlichkeiten das Vermögen übersteigen. Es kommt dann zu einem Fehlbetrag, der nicht mehr durch das Eigenkapital gedeckt ist. Spätestens dann, wenn die Bilanz einen solchen Fehlbetrag feststellt, ist dringendes Handeln erforderlich. Denn auch wenn eine bilanzielle Überschuldung nicht automatisch zu einer insolvenzrechtlichen Überschuldung nach § 19 InsO führt, so ist sie doch ein deutliches Signal an Steuerberaterinnen und Steuerberater und die Geschäftsleitung des krisenbehafteten Unternehmens. Eine Anfertigung einer Fortbestehensprognose ist wie beschrieben notwendig. 176

8.5.5 Negative Fortbestehensprognose als Bestätigung der insolvenzrechtlichen Überschuldung

177 Wenn die Fortführungsprognose negativ ist, ist die Überschuldung anhand des Überschuldungsstatus zu ermitteln, wobei dann bei der Bewertung der Aktiva die Liquidationswerte angesetzt werden müssen. Ergibt sich hier wiederum die Überschuldung, besteht auch eine insolvenzrechtliche Überschuldung.

8.5.6 Vermeintlich ungewollte Gesetzeslücke gefunden?

178 Genau an der Stelle der Fortbestehensprognose scheint die Insolvenzordnung jedoch eine Lücke aufzuweisen, die insbesondere solchen Unternehmen zugute zu kommen scheint, die ein sehr stark saisonal schwankendes Geschäft haben. Die Insolvenzordnung nennt nämlich in § 19 keine Frist, in der die Fortbestehensprognose aufzustellen ist. Der Schritt von der bilanziellen Überschuldung zur möglichen insolvenzrechtlichen Überschuldung scheint also in einem nicht festgelegten Tempo vollzogen werden zu müssen. Hier scheint es also eine Möglichkeit zu geben, durch Verschleppungstaktik die Problematik zu umgehen.

8.5.7 Abweichende Auswirkungen saisonaler Umsätze auf die Prognosen

179 Um bei dem Beispiel des pyrotechnischen Sektors zu bleiben: Wenn im Juni des Jahres eine bilanzielle Überschuldung festgestellt wird, kann erst im Januar des Folgejahres, wenn die Umsätze der drei Verkaufstage feststehen, einigermaßen sicher beurteilt werden, ob die Fortbestehensprognose in Gestalt der Zahlungsfähigkeit positiv oder negativ ausfällt. Denn vorher kann kaum sicher beurteilt werden, welche Umsätze tatsächlich in den drei entscheidenden Tagen getätigt werden. Kann der Steuerberater oder die Steuerberaterin also mit dem Argument, dass eine Beurteilung überhaupt nicht möglich ist, das Anfertigen einer Fortbestehensprognose (das tunlichst nicht von ihm oder ihr selbst, sondern von einem darin erfahrenen Dritten erfolgen sollte) so lange herauszögern, bis überhaupt eine Datenbasis erkennbar ist? Schließlich nennt das Gesetz keine Frist, in der diese Prognose erstellt werden muss.

8.5.8 Teleologische Auslegung des Gesetzestextes ist geboten

180 Wer sich allerdings auf diese vermeintliche Gesetzeslücke verlässt, begibt sich schnell auf dünnes Eis. Durch die Formulierung „es sei denn" in § 19 Abs. 2 S. 1 InsO macht der Gesetzgeber klar, dass nicht etwa eine negative Fortbestehensprognose die Voraussetzung für die insolvenzrechtliche Überschuldung ist, sondern eine positive Fortbestehensprognose den Ausnahmefall darstellt, der eine insolvenzrechtliche Überschuldung per Definition ausschließt bzw. neutralisiert.

181 Durch diese Technik der Ausnahmedefinition zwingt das Gesetz diejenigen Unternehmen, bei denen eine bilanzielle Überschuldung vorliegt, durch eine positive Fortbestehensprognose den Ausnahmezustand des Nicht-Vorliegens der

insolvenzrechtlichen Überschuldung bei Vorliegen der bilanziellen Überschuldung zu dokumentieren. Folglich ist eine Frist oder ein Zeitrahmen für die Erstellung einer positiven Fortbestehensprognose gar nicht notwendig, denn grundsätzlich geht das Gesetz davon aus, dass bei Vorliegen einer bilanziellen Überschuldung auch eine insolvenzrechtliche Überschuldung vorliegt.

8.5.9 Striktes Handeln nach gesetzlichen Vorgaben zum Schutz vor Haftungsrisiken!

Somit gilt auch hier die allgemeine Frist des § 15a InsO: Ein Insolvenzantrag ist, sobald die Überschuldung festgestellt wird, ohne schuldhaftes Zögern zu stellen, spätestens aber (im Fall der Überschuldung) sechs Wochen nach Eintritt der Überschuldung. Dabei wird teilweise sogar vertreten, dass die Frist schon in dem Moment zu laufen beginnt, in dem die Überschuldung objektiv eingetreten ist, selbst wenn steuerberatenden Personen und Unternehmerinnen und Unternehmer davon noch gar keine Kenntnis erlangt hatten. 182

Auch wenn dies ein rein akademisches Problem zu sein scheint, weil man de facto nicht handeln kann, wenn man keine Kenntnis hat, verdeutlicht es jedoch: Spätestens wenn die Erkenntnis der Überschuldung vorliegt, beispielsweise durch Anfertigen eines Bilanzentwurfs, beginnt die Frist des § 15a Abs. 1 S. 2 InsO von sechs Wochen zu laufen. 183

8.5.10 Praktische Bedeutung für steuerliche Beraterinnen und Berater

Hier wiederum sind Steuerberaterinnen und Steuerberater in der besonderen Pflicht, ihre gesetzlich festgeschriebene Rolle als beratende Expertinnen und Experten wahrzunehmen, die Mandantin auf die nunmehr bestehende Insolvenzantragspflicht hinzuweisen und sie hinsichtlich einer möglichen Fortbestehensprognose zu beraten. Ansonsten ist die Haftung nahezu vorprogrammiert (vgl. § 102 StaRUG). 184

In diesem Zusammenhang müssen Steuerberaterinnen und Steuerberater auch daran denken, dass die Sechswochenfrist nicht etwa eine Frist ist, die für die Anfertigung einer Fortbestehensprognose zur Verfügung steht; sollte die Fortbestehensprognose nicht positiv ausfallen, so muss innerhalb dieser Frist auch der Insolvenzantrag gestellt werden, dessen Anfertigung auch einige Zeit in Anspruch nimmt. Steuerberaterinnen und Steuerberater sind hier somit dringend darauf angewiesen, bei Vorliegen einer bilanziellen Überschuldung die Angelegenheit sofort in bewährte und schnelle Hände zu geben, sodass auch in dem Fall, in dem eine positive Fortbestehensprognose nicht oder nicht rechtzeitig erstellt werden kann, ein Insolvenzantrag angefertigt werden kann, ohne dass die Frist verletzt wird. 185

Ansonsten droht die Haftung nicht nur gegenüber der Mandantin, sondern gegenüber sämtlichen Gläubigern, die geltend machen können, dass sie besser gestanden hätten, wenn der Antrag rechtzeitig und richtig gestellt worden wäre. Mit einem Verschleppen der Fortbestehensprognose tut die Steuerberaterin 186 bzw. der Steuerberater weder sich noch seiner Mandantin einen Gefallen, sondern verstrickt sich immer tiefer in Haftungstatbestände.

8.6 Die positive Fortbestehensprognose als Entlastungszertifikat

187 Die positive Fortbestehensprognose dient letztlich Steuerberaterinnen und Steuerberatern als Nachweis der Zahlungsfähigkeit der Mandantin und damit als Rechtfertigung für die Aufstellung des Jahresabschlusses unter dem Gesichtspunkt der Fortführung trotz handelsbilanzieller Überschuldung. Gleichzeitig dient sie der Geschäftsführung der Kapitalgesellschaft als Bestätigung dafür, dass diese nicht insolvenzantragspflichtig i. S. d. § 15a InsO ist. Daraus erhellt, dass dabei die Unternehmensentwicklung – da es ja um Zahlungsfähigkeit geht – primär auf der Ebene der Liquidität zu betrachten ist.

188 Die Fortbestehensprognose ist primär eine Verständigung zwischen Mandantin, Steuerberaterin oder Steuerberater und ggfs. Sanierungsberaterin und Sanierungsberater und wird nicht zur Verwendung gegenüber Dritten, wie z. B. Banken, Kreditversicherern usw., erstellt. Sie ist also als Instrument der Bonitätsbeurteilung oder Kreditwürdigkeitsprüfung weder gedacht noch geeignet.

8.7 Muster Überschuldungsstatus (ohne Anlagen)

189 „Inhaltsverzeichnis

I. Auftrag und Auftragsdurchführung
II. Grundlagen der Überschuldungsprüfung
III. Fortbestehensprognose
IV. Überschuldungsstatus
V. Feststellung

Anlage 1: ________

Anlage 2: ________

I. Auftrag und Auftragsdurchführung

Die Geschäftsführung der ____________ hat uns mit der Erstellung eines zeitnahen Überschuldungsstatus beauftragt.

Für die Durchführung des Auftrages und unsere Verantwortlichkeit sind, auch im Verhältnis zu Dritten, die diesem Bericht als Anlage 2 beigefügten Allgemeinen Auftragsbedingungen für Steuerberatungsgesellschaften maßgebend.

Die Arbeiten wurden im ______________ ausgeführt.

Auskünfte erteilten die Geschäftsführung sowie die von ihr benannten Personen.

Die Überschuldungsprüfung wurde in Anlehnung an die vom Fachausschuss Recht des Instituts der Wirtschaftsprüfer zusammengefassten Empfehlungen für eine Überschuldungsprüfung für Unternehmen durchgeführt.

II. Grundlagen der Überschuldungsprüfung

Gemäß § 19 Abs. 1 Insolvenzordnung ist bei einer juristischen Person eine Überschuldung ein Insolvenzeröffnungsgrund.

Nach § 19 Abs. 2 Insolvenzordnung liegt eine Überschuldung vor, wenn das Vermögen der Schuldnerin die bestehenden Verbindlichkeiten nicht mehr deckt und keine positive Fortführungsprognose vorliegt.

Bei der Bewertung des Vermögens der Schuldnerin ist jedoch die Fortführung des Unternehmens zu Grunde zu legen, wenn dies nach den Umständen überwiegend wahrscheinlich ist.

Der Ansatz der Vermögenswerte und Schulden in einer Überschuldungsbilanz richtet sich also danach, wo bei einem Unternehmen, welches in seiner handelsrechtlichen Bilanz ein negatives Eigenkapital ausweist, von einem Fortbestehen (Going-Concern) auszugehen ist oder nicht.

Im Falle einer positiven Fortbestehensprognose sind die Vermögenswerte grundsätzlich mit den Werten anzusetzen, die Ihnen als Bestandteil des Gesamtkaufpreises des Unternehmens bei konzeptgemäßer Fortführung beizulegen wären. Vermögenswerte und Schulden sind dann mit den tatsächlichen Werten (Verkehrswerten) anzusetzen.

Bei fehlender Fortbestehensprognose sind die Vermögenswerte und Schulden unter Liquidationsgesichtspunkten zu ihren Veräußerungswerten anzusetzen.

III. Fortbestehensprognose

Ausgangspunkt für eine Fortbestehensprognose ist ein Unternehmenskonzept, in dem die für ein Fortbestehen des Unternehmens modifizierten Zielvorstellungen und Strategien entwickelt werden.

Nach Eintritt der buchmäßigen Überschuldung hat die Gesellschaft ein Gutachten in Auftrag gegeben mit dem Ziel, Schwachpunkte aufzudecken und die Möglichkeiten eines Fortbestehens des Unternehmens zu analysieren.

Aufgrund der Entwicklung der Gesellschaft nach den Verlustjahren sowie den positiven Zukunftsaussichten ergibt sich für die Gesellschaft nach unserer Einschätzung eine positive Fortbestehensprognose (siehe Anlage Fortbestehensprognose).

IV. Überschuldungsstatus

Aufgrund der positiven Fortbestehensprognose werden die Vermögenswerte und Schulden gem. § 19 Abs. 2 Insolvenzordnung mit den Verkehrswerten angesetzt.

Im Einzelnen sind dies:

A. *Immaterielle Vermögenswerte*

____

B. *Sachanlagen*

Unter den Sachanlagen werden betriebliche Grundbesitz ausgewiesen.

____

Die Überleitung von den vorläufigen Bilanzwerten zum Überschuldungsstatus ergibt sich danach wie folgt:

	TEUR
Buchwerte	________
Grundstücke und Gebäude	________
Stille Reserven	________
Grund und Boden	________
Gebäude	________
Verkehrswert	________

Die Baugeräte, Baumaschinen, Fahrzeuge und sonstige Gegenstände der Betriebsausstattung sind in dem Bilanzposten „Andere Anlage, Betriebs- und Geschäftsausstattung" zusammengefasst. Es handelt sich hierbei um gebrauchsfähige ältere Geräte, die im Wesentlichen voll abgeschrieben sind. Die ursprünglichen Anschaffungskosten betrugen TEUR ________

Die Gesellschaft hat für alle Vermögenswerte dieses Bilanzpostens die Verkehrswerte ermittelt. Die darin enthaltenen stillen Reserven erscheinen plausibel.

Der Posten ergibt sich danach wie folgt:

	TEUR
Buchwert	________
Betriebs- und Geschäftsausstattung	________
Stille Reserven	________
Verkehrswert	________

C. *Finanzlage*

____

D. *Umlaufvermögen*

Unter den Vorräten werden in der Handelsbilanz unfertige Leistungen abzüglich erhaltener Anzahlungen sowie Restbestände an Baumaterialien ausgewiesen.

____

Unter den sonstigen Wertpapieren sind die in Fonds angelegten Auszahlungen aus Rückdeckungsversicherungen erfasst. Aus den Fonds werden die Pensionen gezahlt.

E. *Rechnungsabgrenzung*

Als Rechnungsabgrenzung werden in der Handelsbilanz auf das Folgejahr entfallenden Kosten ausgewiesen. Diese würden nicht in den Status übernommen.

F. *Pensionsrückstellungen*

Die Pensionsrückstellungen beinhalten laufende Pensionsansprüche von zwei ausgeschiedenen Geschäftsführern sowie eine Anwartschaft für den tätigen Geschäftsführer.

G. *Sonstige Rückstellungen*

Unter den sonstigen Rückstellungen werden noch zu erwartende Kostenbelastungen erfasst, die unverändert übernommen wurden.

H. *Verbindlichkeiten*

Unter den Verbindlichkeiten gegenüber Kreditinstitute werden die von der Hausbank gewährten Darlehen und Überziehungskredite sowie Investitionsfinanzierungsdarlehen ausgewiesen.

V. Feststellung

Aufbauend auf den von der ______________ getroffenen Feststellungen hinsichtlich einer Fortführungsprognose sowie im Hinblick auf die von uns getroffenen Feststellungen im Hinblick auf die nachhaltige Ertragskraft der Gesellschaft ist festzustellen, dass das Unternehmen sanierungsfähig ist.

Voraussetzung ist jedoch ein konsequentes und zeitnahes Kostencontrolling, um mögliche Kostenüberschreitungen schnell erkennen zu können.

Des Weiteren ist es zur Sicherheit der Liquidität erforderlich, dass die Hausbank ihr Engagement aufrechterhält und auch in Zukunft bereit ist, kurzfristige Liquiditätsengpässe durch Überziehungen zu dulden.

Der auf dieser Fortführungsprognose aufbauende „Überschuldungsstatus" führt zu dem Ergebnis, dass nach unserer Einschätzung bei der Gesellschaft keine Überschuldung im Sinne § 19 Insolvenzordnung vorliegt und somit keine Insolvenzantragspflicht wegen Überschuldung besteht.

____

Ort, Datum

____

Unterschrift"

9 Zahlungsfähigkeit muss grundsätzlich bestehen

9.1 Rückständige Honorare als klares Indiz für eine Zahlungsunfähigkeit

Bei Rechnungen von Steuerberaterinnen und Steuerberatern handelt es sich in der Regel um sofort fällige Verbindlichkeiten. Sie sind im Rahmen einer Zahlungsfähigkeitsüberprüfung immer als sofort fällig einzustufen und einzurechnen. Liegen Erkenntnisse darüber vor, dass seit Jahren die Forderungen der Steuerberaterin oder des Steuerberaters gegenüber des krisenbehafteten Unternehmens deutlich gestiegen sind und das Unternehmen nicht in der Lage war, seinen Verpflichtungen vollumfänglich nachzukommen, ist ggfs. die generelle Insolvenzreife zu überprüfen. 190

Regelmäßig wird im Rahmen der Tätigkeit einer Insolvenzverwalterin oder eines Insolvenzverwalters ein Bericht nach Eröffnung des Insolvenzverfahrens an die Staatsanwaltschaft weitergeleitet. Diese prüft dann, ob ein Anfangsverdacht für die Einleitung eines strafrechtlichen Ermittlungsverfahrens besteht. Schlimmstenfalls wird nicht nur ein Ermittlungsverfahren gegen die Geschäftsführung des Schuldnerunternehmens eingeleitet werden, sondern möglicherweise auch gegen Steuerberaterinnen und Steuerberater, die in einem so gelagerten Fall offensichtlich klare Indizien der Insolvenzreife ignoriert haben. 191

9.2 Abgrenzung Zahlungsunfähigkeit von einer Zahlungsstockung

Eine bloße Zahlungsstockung kann in Abgrenzung zur Zahlungsunfähigkeit nur angenommen werden, wenn der Schuldner nicht in der Lage ist, weniger als 10 % seiner fälligen Zahlungsverpflichtungen innerhalb einer Obergrenze von drei Wochen zu erfüllen, es sei denn, es ist bereits davon auszugehen, dass die Liquiditätslücke demnächst mehr als 10 % der Gesamtverbindlichkeit erreichen wird. Dies gilt unabhängig von den jeweiligen branchentypischen Umständen.[12] 192

Dazu sind folgende Leitsätze des BGH aus dem Urteil vom 24.05.2005 zu berücksichtigen: 193

Leitsatz 1

> *„Eine bloße Zahlungsstockung ist anzunehmen, wenn der Zeitraum nicht überschritten wird, den eine kreditwürdige Person benötigt, um sich die benötigten Mittel zu leihen. Dafür erscheinen drei Wochen erforderlich, aber auch ausreichend."*

12 Vgl. BGH v. 24.05.2005 – IX ZR 123/04.

Leitsatz 2

„Beträgt eine innerhalb von drei Wochen nicht zu beseitigende Liquiditätslücke des Schuldners weniger als 10 % seiner fälligen Gesamtverbindlichkeiten, ist regelmäßig von Zahlungsfähigkeit auszugehen, es sei denn, es ist bereits absehbar, dass die Lücke demnächst mehr als 10 % erreichen wird."

Leitsatz 3

„Beträgt die Liquiditätslücke des Schuldners 10 % oder mehr, ist regelmäßig von Zahlungsunfähigkeit auszugehen, sofern nicht ausnahmsweise mit an Sicherheit grenzender Wahrscheinlichkeit zu erwarten ist, dass die Liquiditätslücke demnächst vollständig oder fast vollständig beseitigt wird und den Gläubigern ein Zuwarten nach den besonderen Umständen des Einzelfalles zuzumuten ist."

194 Eine Zahlungsunfähigkeit scheint immer mit großer Wahrscheinlichkeit vorzuliegen, sollten mehrere der folgenden Indizien vorliegen:

- Überschreitung der Zahlungsziele,
- Mahnungen der Gläubiger,
- Eingang von Mahnbescheiden,
- fruchtlos verlaufende Vollstreckungen,
- Stundungs- und Vergleichsversuche,
- Nichtzahlung von Mieten und Löhnen,
- Nichtabführung von Sozialversicherungsbeiträgen und Steuern,
- Verkauf von betriebsnotwendigem Anlagevermögen.

195 Die Befriedigung kleinerer Verbindlichkeiten und damit die Minderung der Anzahl an Gläubigern reichen dabei natürlich nicht aus, um die Zahlungsunfähigkeit zu beseitigen. Dies ist ein häufiger Trugschluss verzweifelter Unternehmerinnen und Unternehmer. Es geht nicht um die Masse der Gläubiger, sondern um die Höhe der Gesamtverbindlichkeiten im Kontext der liquiden Mittel.

9.3 Schaubild zur Ermittlung einer Zahlungsunfähigkeit

Es besteht eine innerhalb von drei Wochen nicht zu beseitigende Liquiditätslücke des Unternehmens 196

Diese beträgt **weniger als 10 %** der fälligen Gesamtverbindlichkeiten

Diese beträgt **mehr oder gleich 10 %** der fälligen Gesamtverbindlichkeiten

Kann in absehbarer Zeit vollständig beseitig werden

Die Lage wird sich in absehbarer Zeit nicht verändern oder verschlechtern

Mit an Sicherheit grenzender Wahrscheinlichkeit kann die Lücke demnächst vollständig oder fast vollständig beseitigt werden

Regelfall und Antragspflicht

keine Zahlungsfähigkeit

Zahlungsunfähigkeit

keine Zahlungsfähigkeit

Zahlungsunfähigkeit

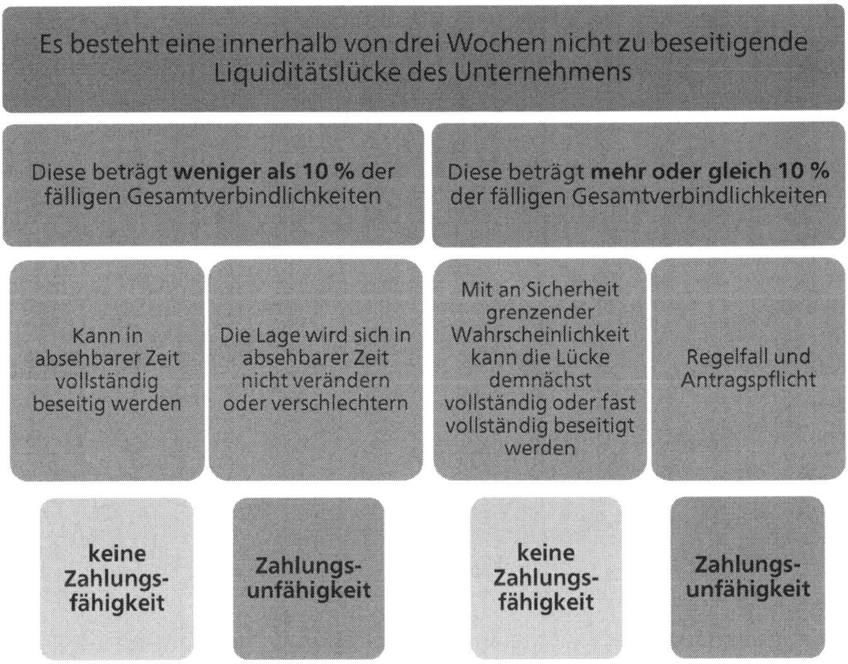

Abbildung 3: Ermittlung der Zahlungsunfähigkeit (Quelle: Eigene Darstellung)

9.4 Zahlungsfähigkeitsprüfung

197 Bei der Berechnung bzw. Überprüfung des Vorliegens einer Liquiditätslücke werden Finanzmittelbestand (Kassenbestand, Bankguthaben, ggfs. Schecks, vertraglich eingeräumte und nicht ausgeschöpfte Kreditlinien, werthaltige Zahlungszusagen) und die kurzfristig zu erwartenden Zahlungseingänge auf der einen Seite (Aktiva) und die fälligen Verbindlichkeiten und kurzfristig zu erwartenden Auszahlungen auf der anderen Seite (Passiva) gegenübergestellt. Hier ist noch die sogenannte „Bugwellentheorie"[13] zu beachten, die besagt, dass bei einer solchen Berechnung auch die innerhalb von drei Wochen nach dem Stichtag fällig werdenden und eingeforderten Verbindlichkeiten (Passiva II) einzubeziehen sind.

198 Liegt nach einer solchen Berechnung anhand einer Liquiditätsbilanz eine Liquiditätslücke von mehr als 10 % vor, ist der Tatbestand der Zahlungsunfähigkeit zunächst erfüllt.

13 Vgl. BGH v. 19.12.2017 – II ZR 88/16.

199 Denn auch wenn die Berechnung der relativen Liquidität eines Unternehmens damit durchaus klar definiert ist, ergeben sich in der Praxis häufig einige Fragen, die keine allgemeingültigen Antworten haben, sondern immer im individuellen Kontext betrachtet werden müssen.

200 Kurzfristig verfügbare Finanzmittel sowie Möglichkeiten der Kreditaufnahme zählen nicht zu den Finanzmittelbeständen. Auch offene Forderungen zählen nicht zu den Finanzmittelbeständen, da diese zum Stichtag nicht zur Verfügung stehen.

201 Alle zum Stichtag fälligen Verbindlichkeiten, die die Gläubiger ernsthaft eingefordert haben, müssen passiviert werden. Zum Beleg einer Ernsthaftigkeit genügt bereits die Rechnungslegung. Geduldete Inanspruchnahmen über die vereinbarte Linie des Kreditgebers hinaus, gelten ebenfalls als fällige Verbindlichkeiten.

202 Bestrittene Verbindlichkeiten sind mit ihrem voraussichtlichen Erfüllungsbetrag zu berücksichtigen (Einzelfallbewertung). Gestundete Verbindlichkeiten sind nicht zu berücksichtigen.

203 Die erwarteten Einzahlungen sind aus der aktuellen Finanzbuchhaltung und der integrierten Unternehmensplanung abzuleiten und in einem Finanzplan darzustellen. Einzahlungen aus bereits zum Stichtag bestehenden Forderungen sowie aus im Prognosezeitraum geplanten Umsatzgeschäften sind ebenfalls zu berücksichtigen.

204 Die Einzahlungen sind im Prognosezeitraum unter Berücksichtigung ihrer mit überwiegender Wahrscheinlichkeit zu erwartenden Zahlungszeitpunkte zu berücksichtigen.

205 Die erwarteten Auszahlungen sind ebenfalls aus der aktuellen Finanzbuchhaltung und der integrierten Unternehmensplanung abzuleiten und in den Finanzplan einzuarbeiten. Auszahlungen aus bereits zum Stichtag bestehenden Verbindlichkeiten sowie aus im Prognosezeitraum entstehenden Verbindlichkeiten gelten als sog. Passiva II.

206 Die Auszahlungen im Prognosezeitraum sind entsprechend der jeweiligen gesetzlichen oder vereinbarten Fälligkeitszeitpunkte im Finanzplan zu berücksichtigen.

207 Hier kann dann eben die Bugwellentheorie[14] herangezogen werden:

> *„Bei der Feststellung der Zahlungsunfähigkeit gem. § 17 Abs. 2 S. 1 InsO anhand einer Liquiditätsbilanz sind auch die innerhalb von drei Wochen nach dem Stichtag fällig werdenden und eingeforderten Verbindlichkeiten (sogenannte Passiva II) einzubeziehen."*

208 Es treten bei dieser Prüfung eine Vielzahl praktischer Probleme auf, die immer anhand der individuellen Lage beantwortet werden müssen:

---

14 BGH-Urteil des II. Zivilsenats v. 19. 12. 2017 – II ZR 88/16.

- Welcher Stichtage ist für die Prüfung der Zahlungsfähigkeit zugrunde zu legen?
- In welchem Turnus sollte diese Prüfung wiederholt werden (z. B. täglich, wöchentlich, monatlich)?
- Wie geschieht die Ermittlung der fälligen Verbindlichkeiten zum Stichtag?
- Ist die Finanzbuchhaltung tagesaktuell?
- Ist die Vollständigkeit der Verbindlichkeiten in der Finanzbuchhaltung gewährleistet?
- Wie werden bestrittene Verbindlichkeiten behandelt?
- Wie sollten Stichproben gemacht werden?
- Wie ist die Ermittlung der zu erwartenden Einzahlungen und Auszahlungen im 3-Wochen-Zeitraum gewährleistet?
- Wie ist die Werthaltigkeit von (über)fälligen Forderungen zu ermitteln?
- Wie ist mit einer Abweichungen beim Soll-/Ist-Vergleich umzugehen?
- Wie ist die Sinnhaftigkeit der relativen Liquiditätslücke im Vergleich zur absoluten Liquiditätslücke zu bewerten (z. B. geringe relative Liquiditätslücke bei einer hohen absoluten Liquiditätslücke)?
- Wie ist eine rechnerische Ermittlung der Liquiditätslücke zum Ende des Prognosezeitraumes darzustellen?[15]
- Wie lange darf eine Liquiditätslücke von unter 10 % bestehen bleiben bzw. wann muss die Liquiditätslücke dauerhaft und vollständig geschlossen werden?

15 Vgl. *Zabel/Pütz*, ZIP 2015, 912.

10 Jahresabschlusserstellung

10.1 Zerschlagungswerte vs. Going-Concern

10.1.1 Zerschlagungswerte

Ist eine Fortführung des krisenbehafteten Unternehmens nicht weiter möglich und ggfs. laut negativer Fortbestehensprognose als unwahrscheinlich dokumentiert, haben Steuerberaterinnen und Steuerberater den handelsrechtlichen Jahresabschluss zu Zerschlagungswerten aufzustellen. Die Zerschlagungswerte sollen sich im Regelfall bei Maschinen- und Anlagevermögen sowie Betriebs- und Geschäftsausstattung an dem Verwertungserlös im Falle einer kurzfristigen Liquidation orientieren. 209

Für Liquidationsbilanzen ist dabei eine Ausnahme in den handelsrechtlichen Bewertungsvorschriften vorgesehen: Die Bewertung erfolgt auf Basis von Veräußerungs- bzw. Auflösungsgesichtspunkten, wie sie entsprechend für die Handelsbilanz bei Wegfall der Fortführungsmöglichkeit gefordert wird. 210

Grundsätzlich ist zu beachten, dass der Zerschlagungswert bzw. Liquidationswert jener Wert ist, der bei einer kurzfristigen Zerschlagung eines Unternehmens unter einem gewissen Zeitdruck erzielt werden kann. Generell muss damit gerechnet werden, dass bei Druckverkäufen die zu erzielenden Erlöse meist deutlich niedriger gegenüber den aktuellen Verkehrswerten sind. 211

Meist ist der Zerschlagungswert bzw. Liquidationswert den Ankaufswerten von Händlern oder Industrieverwertern gleichzustellen. Dem Tenor des BGH-Urteils[16] folgend, ist nicht nur die Prüfung der Fortbestehensprognose (wenn sie durch die Geschäftsführung des krisenbehafteten Unternehmens vorgelegt wird) eine Verpflichtung der Steuerberaterinnen und Steuerberater, sondern sie haben auch bereits bei der Erstellung des Jahresabschlusses, selbst bei einer unsicheren wirtschaftlichen Lage des Unternehmens, auf die Fortführungsfähigkeit des Unternehmens einzugehen. Dabei sind bereits gedanklich Zerschlagungswerte und Going-Concern zu differenzieren. 212

Grundsätzlich ist eine Liquidationsbilanz so aufzustellen, dass gedanklich das Unternehmen ordnungsgemäß liquidiert wird. Das bedeutet, Auslaufkosten für Personal, Restlaufzeit der Mietverhältnisse, Kalkulation von Dauerschuldverhältnissen und sonstige dauernde Lasten sind dabei zu berücksichtigen. Ebenfalls müssen laufende Streitigkeiten auf Seiten der Forderungen sehr vorsichtig eingeschätzt werden und laufende Streitigkeiten auf Seiten der Verbindlichkeiten im Worst-Case-Szenario betrachtet werden. 213

16 BGH v. 26.01.2017 – IX ZR 285/14, WM 2017, 383 = Stbg 2017, 180.

10.1.2 Going-Concern (Fortführungswert)

214 Gemäß § 252 Abs. 1 Nr. 2 HGB ist grundsätzlich bei der allgemeinen Bewertung von Vermögensgegenständen und Verbindlichkeiten von der Fortführung der Unternehmenstätigkeit auszugehen, sofern dem nicht tatsächliche oder rechtliche Gegebenheiten entgegenstehen (Going-Concern).

215 Ob der gesetzliche Regelfall, also eine Fortführungsfähigkeit (Going-Concern), auch tatsächlich vorliegt, hängt von der objektiven Einschätzung und kaufmännischen Beurteilung ab. Es ist darauf abzustellen, ob in einem überschaubaren, genau zu beziffernden Zeitraum mit einer Fortführung der problemlosen Unternehmenstätigkeit höchstwahrscheinlich zu rechnen ist. Soweit hier keine tatsächlichen oder rechtlichen Gegebenheiten entgegenstehen, hat die Bewertung stets entsprechend der §§ 252–256a HGB zu erfolgen. Regelmäßig sprechen nachfolgende Indizien gegen eine hohe Wahrscheinlichkeit des Fortbestehens (Going-Concern) eines Unternehmens:

- aufgelaufene Verluste aus Vorjahren,
- schlechte Marktentwicklung bzw. Wegfall von Märkten und Absatzkanälen,
- aufgezehrtes Eigenkapital,
- Verschlechterung des Auftragsvorlaufs mit unsicheren Zuschlagsdaten,
- drohende Zahlungsunfähigkeit,
- Schwierigkeiten auf der Beschaffungsseite (Wegfall von nicht austauschbaren Lieferanten),
- nicht zu kompensierende Personalfluktuation (in den Bereichen Verkauf, Einkauf, mittleres Management oder Produktion),
- Forderungsausfälle durch mangelhaftes Debitorenmanagement.

216 Die tatsächlichen Gegebenheiten, die zu konkreten Zweifeln an einer Fortführungsfähigkeit führen, sind üblicherweise direkt erkennbare wirtschaftliche Entwicklungen bzw. Probleme, die dem Fortbestehen eines Unternehmens klar entgegenstehen:

- Schulden übersteigen das Vermögen,
- laufende Prozesse mit Kreditoren belasten ggfs. die Liquidität,
- Zins und Tilgung ohne realistische Aussicht auf Rückzahlung und/oder Verlängerung bzw. Stundung,
- zu kurze Finanzierungen mit zu hoher Zins- und Tilgungsleistungen,
- eingetretene oder bereits klar erkennbare Verluste im operativen Geschäft,
- Kürzung und/oder Wegfall von Lieferantenkrediten bzw. Kreditversicherer kürzen Limits,
- Fluktuation bzw. ersatzloses Ausscheiden in Führungspositionen,
- Verlust von Primärlieferanten und Schlüsselkunden durch Insolvenz.

217 Im Rahmen einer Überprüfung des Unternehmens ist folglich regelmäßig auf das individuelle Gesamtbild zu achten.

10.2 Behandlung der positiven Fortbestehensprognose im Anhang des Jahresabschlusses

Umstritten ist die Behandlung der Dokumentation in den Bilanzen und Bescheinigungen bei Vorliegen einer buchmäßigen Überschuldung und anschließender Vorlage einer positiven Fortbestehensprognose. In der Fachwelt existiert wie so häufig ein theoretischer Meinungsstreit dazu. So zieht die eine Seite den § 268 HGB hinzu und erklärt, dass die Dokumentation einer positiven Fortbestehensprognose und die eigentliche buchmäßige Überschuldung nicht im Anhang oder in der Bescheinigung erwähnt werden müsse. Die andere Seite besteht schon aus Gründen der Nachvollziehbarkeit auf zumindest einen Hinweis, wenn nicht sogar die Beigabe der kompletten Fortbestehensprognose. 218

Die Autoren sind der Meinung, dass schon die gesetzliche Regelung eine klare Richtung vorgibt und das BGH-Urteil vom 26.01.2017 – IX ZR 285/14 – ebenso einen Hinweis darauf gibt, dass gerade Steuerberaterinnen und Steuerberater ihre Bilanzgrundlagen auch entsprechend dokumentieren sollten. 219

Die Geschäftsführung einer Kapitalgesellschaft ist gem. § 264 Abs. 1 HGB dazu verpflichtet, den Jahresabschluss um einen Anhang zu ergänzen, der mit der Bilanz und der GuV eine Einheit bildet. Dabei muss der Jahresabschluss gem. § 264 Abs. 2 HGB ein den tatsächlichen Verhältnissen entsprechendes Bild der Vermögens-, Finanz- und Ertragslage vermitteln. Erst durch dazugehörige Erklärungen im Anhang wird dieses Bild vervollständigt bzw. idealerweise nachvollziehbar belegt. 220

Ergibt sich in der Bilanz ein nicht durch Eigenkapital gedeckter Fehlbetrag, so liegt eine buchmäßige Überschuldung vor. Ob aber damit auch eine insolvenzrechtliche Überschuldung im Sinne des § 19 Abs. 2 InsO zu konstatieren ist, muss bekanntlich eine weitere Prüfung belegen. 221

Diese Prüfung ist nun mal die positive Fortbestehensprognose. Erst wenn diese vorliegt, kann die Bilanz weiterhin unter Going-Concern-Aspekten (also zu Fortführungswerten) aufgestellt werden, andernfalls nur noch zu Zerschlagungswerten. 222

Die positive Fortbestehensprognose muss durch eine Liquiditätsrechnung für das laufende und das folgende Geschäftsjahr auf Basis realistischer Umsatz- und Ertragsprognosen belegt werden. Dabei muss im Ergebnis festgestellt werden, dass der Erhalt der Zahlungsfähigkeit des Unternehmens in diesem Zeitraum überwiegend wahrscheinlich ist. 223

Der § 268 HGB sieht explizit keine gesetzliche Verpflichtung vor, im Anhang über das negative Eigenkapital im Detail zu berichten. Die Autoren vertreten allerdings die Auffassung, dass eine Erläuterung zur buchmäßigen Überschuldung zumindest empfehlenswert, wenn nicht sogar unabdingbar ist, da sonst eine Bilanzierung nach Going-Concern – ohne Hinweis auf eine vorliegende positive Fortbestehensprognose – zumindest in Frage gestellt werden könnte. Es geht hierbei schlicht und einfach darum, Leserinnen und Leser des Jahresab- 224 schlusses über die besondere Situation zu informieren und über den Umgang damit aufzuklären. Ein Verschweigen der positiven Fortbestehensprognose führt nach Meinung der Autoren ggfs. sogar zu einem gegenteiligen Ergebnis, da Leserinnen und Leser (z.B. die Hausbank) die buchmäßige Überschuldung leicht erkennen können und daraus eigenen – für das Unternehmen möglicherweise nachteilige – Schlüsse ziehen könnten.

10.3 Hinweise auf buchmäßige Überschuldung und Vorlage der positiven Fortbestehensprognose als Begleitschreiben zum Jahresabschluss

225 Alternativ kann der Ausweis nicht im Anhang, sondern als Begleitschreiben verfasst werden – dies sollte nach Meinung der Autoren das absolute Mindestmaß sein. Auch hier ist auf die Entwicklung im Jahresabschluss mit dem Ergebnis einer buchmäßigen Überschuldung hinzuweisen. Es ist deutlich zu machen, dass von der Fortführung des Betriebes aufgrund der Vorlage der positiven Fortbestehensprognose, vorgelegt durch die Geschäftsleitung oder alternativ durch fachkompetente Sachverständige, ausgegangen worden ist.

226 Das Begleitschreiben bietet sich grundsätzlich dann an, wenn die Geschäftsführung des Unternehmens selbst entscheiden sollte oder möchte, ob sie nur den Jahresabschluss in unkommentierter Form mit der buchmäßigen Überschuldung weiterreichen will und kann oder ob hier eben der Jahresabschluss mit der entsprechenden Kommentierung im Begleitschreiben an Banken, Kreditversicherer oder Lieferanten weitergereicht werden soll.

227 Es ist jedoch in diesem Falle notwendig, dass das Begleitschreiben grundsätzlich als Anlage zum entsprechenden Jahresabschluss gilt. Daher ist es unverzichtbar, dass im Rahmen der Übergabe der Bilanz eine entsprechende Empfangsbestätigung durch die Geschäftsführung als Nachweis der Übergabe in den Unterlagen der Steuerberaterinnen und Steuerberater verbleibt.

228 Abzuwägen ist ggfs. nach Rücksprache mit der Mandantschaft, ob das als Anlage beigefügte Begleitschreiben die bessere Alternative ist, als die komplette Mitteilung im Bilanzanhang.

229 Sowohl bei der Dokumentation in der Bilanzanlage als auch in dem Begleitschreiben ist darauf hinzuweisen, dass keine Überschuldung im Sinne der Insolvenzordnung vorliegt, wenn die Zahlungsfähigkeit für die nächsten 24 Monate nachweislich gesichert scheint und damit die Fortführung des Unternehmens überwiegend wahrscheinlich ist.

10.4 Mustertext für Bilanzanlage oder Begleitschreiben

230 „Sehr geehrte Damen und Herren,

am ____________ hatten Sie uns beauftragt, Ihren steuer- und handelsrechtlichen Jahresabschluss für das Jahr ____________ zu erstellen.

Im Rahmen dieser Jahresabschlusserstellung hatten wir festgestellt, dass Ihr Unternehmen buchmäßig überschuldet war und Sie aufgefordert, eine positive Fortbestehensprognose vorzulegen.

Die aus Ihrem Hause vorgelegte positive Fortbestehensprognose wurde von uns gem. des BGH-Urteils vom 26.01.2017 (IX ZR 285/14) auf Plausibilität geprüft und wir sind zu der Einschätzung gekommen, dass Sie Ihre Unternehmens- und Geschäftssituation und die damit einhergehende Entwicklung auf Basis der aktuellen Wirtschafts- und Marktsituation realistisch eingeschätzt haben.

Daneben haben Sie uns umfangreiche Quelle und Informationen über die Zulässigkeit sowie der Annahmen im Rahmen Ihrer erstellten Fortbestehensprognose (Liquiditätsplanung für mindestens zwei Kalenderjahre) schriftlich vorgelegt.

Unter diesen Bedingungen haben wir gem. der Vorgabe des Finanzmarktstabilisierungsgesetzes vom 17.10.2008 Ihren handelsrechtlichen Jahresabschluss unter Fortführungsaspekten (Going-Concern) entsprechend aufgestellt.

Wir haben Sie in diesem Zusammenhang darauf hinzuweisen, dass Sie als Teil der Geschäftsführung verpflichtet sind, regelmäßig die von Ihnen erstellten Prognosen hinsichtlich der laufenden Liquidität im Unternehmen im Rahmen eines Soll-/Ist-Abgleichs durchgehend zu prüfen, bis der nächste handelsrechtliche Jahresabschluss erstellt wird und die buchmäßige Überschuldung des Vorjahres durch entsprechende Gewinne ausgeglichen ist.

Sollte sich eine Verschlechterung und/oder Veränderung der Liquiditätssituation zu Ungunsten der vorliegenden positiven Fortbestehensprognose entwickeln, sind von Ihnen als Geschäftsführung sofort liquiditätserhaltende Maßnahmen einzuleiten.

Mit freundlichen Grüßen"

11 Insolvenzverwalter positionieren sich

11.1 Das Insolvenzverfahren der Mandantin

Aufgrund des öffentlichen Drucks durch Kammern, Verbände und der nahezu einhelligen Meinung, dass das Anfechtungsrecht dem normalen Wirtschaftsleben nicht mehr gerecht zu werden schien, hatte der Bundestag am 16.02.2017 eine Reform des Insolvenzanfechtungsrechts verabschiedet. Das Gesetz[17] zur Verbesserung der Rechtssicherheit bei Anfechtungen nach der Insolvenzordnung und nach dem Anfechtungsgesetz ist am 05.04.2017 in Kraft getreten. 231

Hintergrund war, dass durch die Reform bestehende Rechtsunsicherheiten im Zusammenhang mit den bisherigen Regelungen beseitigt werden sollten, die gerade in Handel, Handwerk und in der Industrie als absurd, unfair und unangemessen galten. Auch Steuerberaterinnen und Steuerberater liefen bisher immer Gefahr, im Rahmen einer Insolvenz ihrer Mandantin später im eröffneten Verfahren vom Insolvenzverwalter mit sehr lang zurückliegenden Anfechtungsansprüchen konfrontiert zu werden. 232

Von Vertretern verschiedener Wirtschaftszweige wurde längst gefordert, dass es Lieferanten aus Industrie und Dienstleistungen ohne große Risiken erlaubt sein sollte, einem Kunden oder einer Mandantin Zahlungshilfen zu ermöglichen, wenn sich der Kunde oder die Mandantin in wirtschaftlichen Schwierigkeiten befindet. 233

Im Fokus der Änderung des Insolvenzanfechtungsrechts steht § 133 InsO, die sogenannte Vorsatzanfechtung. Ebenso wurden die Zinsansprüche im Anfechtungsrecht auf ein vernünftiges Maß reduziert und das sogenannte „Bargeschäft" nach § 142 InsO konkretisiert. 234

Das Anfechtungsrecht regelt die Möglichkeit für Insolvenzverwalter, Zahlungen von Insolvenzschuldnerinnen und Insolvenzschuldnern aus der Zeit vor Eröffnung des Insolvenzverfahrens zurückzufordern. In der Regel werde Insolvenzverwalterinnen und Insolvenzverwalter relativ zeitnah nach Eröffnung des Insolvenzverfahrens prüfen, ob und inwieweit Lieferanten aus Handel, Handwerk und Dienstleistung wussten, dass ihr Kunde oder ihre Mandantin Zahlungsschwierigkeiten hatten. Dennoch ist hierbei zu berücksichtigen, dass die Insolvenzverwaltung gem. §§ 146 InsO i. V. m. 195 BGB (Regelverjährung) theoretisch drei Jahre Zeit hat, die entsprechenden Rechtsgeschäfte anzufechten. 235

Die sogenannte „Bösgläubigkeit" ist Ausgangspunkt dafür, dass Insolvenzverwalterinnen und Insolvenzverwalter vertieft prüfen, ob eine Gläubigerbenachteiligung vorliegt. Eine Gläubigerbenachteiligung liegt vor, wenn nur einzelne Gläubiger, mit detailliertem Wissen über die wirtschaftlich schwierige Situation der Schuldnerin, Zahlungen in der Krise erhalten haben. 236

17 BGBl I 2017 Nr. 16 vom 04.04.2017.

237 Zum Teil durch rein theoretische – und für viele Wirtschaftsteilnehmer an der Realität vorbei gehende – Konstrukte wurde damit in vielen Verfahren zwar die Masse angereichert, aber zugleich Unverständnis bei vielen im guten Glauben handelnder Gläubiger hervorgerufen.

238 Selbst wenn ein Gläubiger seiner Schuldnerin eine Ratenzahlung gewährte, musste er in der Vergangenheit letztlich mit einer Insolvenzanfechtung rechnen.

239 Zahlungserleichterungen, wie z. B. Raten- oder Abschlagszahlungen sind unter Gesichtspunkten der Reform nunmehr kein Beweis dafür, dass ein Gläubiger Kenntnis von allgemeinen Zahlungsschwierigkeiten seiner Kundin hatte. Damit ist die Anfechtung durch Insolvenzverwalter nicht mehr so einfach. Dem Gläubiger kann in diesem Fall nicht mehr unterstellt werden, von der Verschlechterung der wirtschaftlichen Lage seiner Kundin gewusst zu haben.

11.1.1 Bei Zahlungsschwierigkeiten gilt nun die umgekehrte Vermutung

240 Auf den ersten Blick scheint es zumindest fraglich zu sein, dass ein Gläubiger im Bitten seiner Schuldnerin um entsprechende Zahlungserleichterungen im Rahmen von z. B. Ratenzahlungen keine Anzeichen von Zahlungsschwierigkeiten gesehen haben will. Dieser neue Vermutungstatbestand muss zudem in die Indiziensystematik des BGH eingeordnet werden. Somit wird die Beurteilung der konkreten Sachverhalte für die Instanzgerichte in der Zukunft keine leichte Aufgabe sein.

241 Für den regelmäßigen Umgang mit Kunden im Geschäftsverkehr und Mandantinnen bei der Beratung z. B. durch Steuerberaterinnen und Steuerberater stellt sich nun also folgende Frage:

242 Wäre es nicht möglicherweise – auch im Rahmen einer frühzeitigen Enthaftung – besser, einem säumigen Kunden oder einer säumigen Mandantin noch einmal eine Zahlungserleichterung zu geben, anstatt den Anspruch dann unmittelbar durchzusetzen?

243 Bei Steuerberaterinnen und Steuerberatern mit Dauermandat – und somit nahestehenden Personen i. S. d. § 138 InsO – ist die Kenntnis von der Verschlechterung der wirtschaftlichen Lage der Mandantin relativ schnell zu unterstellen, wenn sie auch die monatliche Buchführung übernehmen und jederzeit Einblick in die Geschäftszahlen haben. Lassen sich Lieferanten im Rahmen von Geschäftsbeziehungen Bilanzen und/oder regelmäßige betriebswirtschaftliche Auswertungen von ihren Kunden vorlegen, dann ist auch hier der Beweis schnell erbracht, dass das Gläubigerunternehmen die Verschlechterung der Zahlungsfähigkeit des Kunden aufgrund vorgelegter Unterlagen erkennen konnte.

244 Die vom Gesetzgeber angestrebte „Verbesserung der Rechtssicherheit bei Anfechtungen“ lässt also sicher noch einige Zeit auf sich warten; schon allein deshalb, da es immer etwas dauert, bis sich die meist sehr theoretische Recht-

sprechung durch Urteile der Praxis annähert. Ob das vom Gesetzgeber verfolgte Ziel erreicht wird und damit dem Wunsch vieler am Wirtschaftsverkehr beteiligter Personen nachgekommen werden kann, wird sich erst noch zeigen müssen.

11.1.2 Anfechtungsfrist von § 133 InsO von zehn Jahren auf vier Jahre gekürzt

Das neue Gesetz hat die Anfechtungsfrist in § 133 InsO von zehn auf vier Jahre verkürzt. Dies ist begrüßenswert und der richtige Weg, das Anfechtungsrecht dem praktischen Wirtschaftsverkehr anzupassen. Ohnehin sind Fälle, die länger als vier Jahre zurückliegen, eher selten. Die verkürzte Frist, dient der Rechtsklarheit und der Rechtssicherheit im Geschäftsverkehr. 245

11.2 Prüfung des Zeitpunktes der Insolvenzreife

Die Insolvenzordnung sieht vor, dass die Insolvenzverwaltung im eröffneten Verfahren grundsätzlich zu prüfen hat, wann die Insolvenzreife des schuldnerischen Unternehmens konkret eingetreten ist. 246

Die meisten Insolvenzverwaltungskanzleien haben hierfür eine Sonderabteilung, die „Prophylaxe-Abteilung" genannt wird und ausschließlich die Aufgabe hat, den tatsächlichen Zeitpunkt der Zahlungsunfähigkeit nach § 17 InsO oder der Überschuldung nach § 19 InsO rückwirkend festzustellen. 247

Diese retrograte Betrachtung wird in der Regel aber nicht nur zur Feststellung der Insolvenzreife durchgeführt, sondern auch – und dies schreibt die Insolvenzordnung so vor – zur Ermittlung der Verantwortlichen, die ihren gesetzlichen Verpflichtungen bei Insolvenzreife nicht nachgekommen sind. 248

Es muss auch beachtet werden, dass neben den direkten Verantwortlichen ebenso die Erfüllungsgehilfen (wie z. B. auch Steuerberaterinnen und Steuerberater sowie sonstige wirtschaftliche und rechtliche Beraterinnen und Berater) im Rahmen ihrer Beratungstätigkeit für das schuldnerische Unternehmen sehr genau überprüft werden. 249

Dazu gehört auch, dass im Rahmen dieser Bearbeitung Personen und/oder Gesellschaften, die ein steuerberatendes Verhältnis mit dem schuldnerischen Unternehmen und damit ggfs. jederzeit Einblick in die schuldnerischen Bücher hatten (gem. § 138 InsO als nahestehende Person im dienstvertraglichen Verhältnis) von den Mitarbeiterinnen und Mitarbeitern der Prophylaxe-Abteilung des Insolvenzverwalterbüros überprüft werden. 250

Die Ermittlung des Zeitpunktes der Insolvenzreife des schuldnerischen Unternehmens ist deshalb so wichtig, weil davon die Entscheidungen der Insolvenzverwalterinnen und Insolvenzverwalter abhängen (zur Vorlage bei Gläubigerausschuss oder Gläubigerversammlung), die Anfechtung bestimmter Zahlungen zu erklären. 251

252 Kann im Rahmen der Ermittlung der Insolvenzreife festgestellt werden, dass zum Beispiel Dienstleister, Lieferanten oder andere Geschäftskontakte Kenntnis von beispielsweise der Zahlungsunfähigkeit hatten, wird die Insolvenzverwaltung hier genau prüfen, ob Anfechtungstatbestände (§ 129 bis § 133 InsO) vorliegen, die eine Rückforderung der Transaktionssumme zur Mehrung der Masse möglich macht.

253 Für Steuerberaterinnen und Steuerberater ist die Prüfung hoch problematisch, da sie möglicherweise beweist, dass sie dauerhaft Kenntnis von der Insolvenzreife ihrer Mandantschaft hatten und trotzdem als sachverständige Beraterinnen und Berater, ohne entsprechende Hinweise und konsequenter Haltung, ihre Arbeiten weitergeführt haben.

254 Nebenbei ist es für Steuerberaterinnen und Steuerberater äußerst problematisch, wenn zum Beispiel die Geschäftsführung einer GmbH nicht über ausreichende persönliche Kenntnisse verfügt, die man für eine Insolvenzreifeprüfung benötigt.

255 In diesem Falle hat die Geschäftsführung sich bei Verschlechterung der wirtschaftlichen Situation der Gesellschaft unverzüglich von einer unabhängigen, fachlich qualifizierten Person bzgl. der zu klärenden Fragestellung beraten zu lassen. Nehmen Steuerberaterinnen und Steuerberater dieses ohne direkten Auftrag als ihre Verpflichtung wahr oder erhalten sie einen konkreten direkten Auftrag, so müssen sie (und diese Fachkompetenz wird ihnen von allen Gerichten unterstellt) auf Zahlungsunfähigkeit prüfen und gegebenenfalls auch unterjährig die Kapitalentwicklung beobachten.

256 Mit ihrer fachlichen Kompetenz müssen Steuerberaterinnen und Steuerberater auf die möglichen Insolvenztatbestände hinweisen oder im Zweifel noch an fachliche Beraterinnen und Berater für Insolvenzrecht verweisen.

257 Haben steuerliche und wirtschafsprüfende Beraterinnen und Berater von der Geschäftsführung des krisenbehafteten Unternehmens einen klaren Prüfungsauftrag, müssen sie unverzüglich diesen Auftrag ausführen und sofort auf das Prüfungsergebnis hinwirken.

258 Wird im Ergebnis der Prüfung eine Insolvenzreife des krisenbehafteten Unternehmens festgestellt, kann das Mandat nicht mehr problemlos fortgeführt werden. Schon allein aufgrund des BGH-Urteils[18] ist dann eine Fortführung des Mandatsverhältnisses unter gleichbleibenden Bedingungen unmöglich.

259 Gehen Steuerberater und Steuerberaterinnen nach Vorlage der Prüfungsergebnisse in Bezug auf das Bestehen der Insolvenzreife zur Tagesordnung über und erledigen für die Geschäftsführung des Mandantenunternehmens weiterhin die vertraglichen Obliegenheiten des Dauermandats, unterstützen sie die Geschäftsführung, den insolventen Geschäftsbetrieb aufrechtzuerhalten. Darin ist eine Unterstützungshandlung der Insolvenzverschleppung der Mandantin zu sehen.

18 BGH v. 26.01.2017 – IX ZR 285/14, WM 2017, 383 = Stbg 2017, 180.

Beraterinnen und Berater fördern durch die Fortsetzung ihrer vertraglich vereinbarten Verpflichtungen des Dauermandats und die Erledigung der dabei durch die Geschäftsführung erteilten Arbeitsaufträge konkret die Insolvenzverschleppung der Geschäftsführung. 260

11.3 Anfechtung der Honorare

11.3.1 § 138 InsO – Garantenstellung

Steuerberaterinnen und Steuerberater mit Dauermandat sind gem. § 138 InsO nahestehende Personen. 261

Den Ausführungen des BGH-Urteils IX ZR 285/14 vom 26.01.2017 ist unter anderem zu entnehmen, dass der Senat davon ausgeht, dass der tätige Steuerberater in dem urteilsbezogenen Fall ein Dauermandat hatte. Er war damit über den gesamten Mandatszeitraum vollumfänglich über die wirtschaftliche Entwicklung des Unternehmens informiert. 262

In § 138 Abs. 2 Nr. 2 InsO ist unter anderem geregelt, dass Steuerberaterinnen und Steuerberater als nahestehende Personen angesehen werden, wenn ihnen die wesentliche Buchhaltung der Schuldnerin anvertraut wurde und ihnen nach der vertraglich eingeräumten Rechtsstellung über die gesamte wirtschaftliche Lage der Auftraggeberin erhebliche Informationen und Daten in üblicher Weise zufließen. In der Regel vermittelt das Buchhaltungsmandat einen typischen Wissensvorsprung über die wirtschaftliche Lage des Mandantenunternehmens. 263

Diese Sonderstellung geht abgesehen von einer Vertragskündigung (vgl. Mandatsniederlegung) erst dann verloren, wenn zum Zeitpunkt, der durch den späteren Insolvenzverwalter angefochtenen Rechtshandlung, der Zugriff auf Belege und Buchhaltungsunterlagen aus dem betreuten Unternehmen länger als drei Monate stockte. 264

Deshalb ist es zwingend notwendig, dass Beraterinnen und Berater in einem Dauermandat sehr genau und zeitnah bei krisenbehafteten Unternehmen im Rahmen der Erstellung der Jahresabschlüsse dokumentieren, wann sie welche Belege/Informationen und Unterlagen angefordert und erhalten haben. 265

Bei Dauermandaten sind Steuerberaterinnen und Steuerberater also in einer Sachverständigenposition mit besonderer Kontrollpflicht, also sogenannte Garanten. 266

Bei Annahme einer unterjährigen Buchhaltungspflicht sind Steuerberaterinnen und Steuerberater sowie Wirtschaftsprüferinnen und Wirtschaftsprüfer dringend angehalten, bei der Erstellung der monatlichen betriebswirtschaftlichen Auswertungen im Rahmen eines Dauermandats die Entwicklung des Eigenkapitals anhand einer ausgewiesenen Gewinn- und Verlustrechnung entsprechend zu überwachen und im Falle der bilanziellen Überschuldung entsprechende Warnhinweise zu erteilen. 267

268 Konkret bedeutet die Annahme einer freiwilligen Beistandspflicht demnach, dass Steuerberaterinnen und Steuerberater sowie Wirtschaftsprüferinnen und Wirtschaftsprüfer die Mandantenunternehmen bei der monatlichen Übersendung von betriebswirtschaftlichen Auswertungen und den üblichen Summen- und Saldenlisten zu informieren und zu warnen haben, sofern sie bei fortlaufenden Verlusten erkennen, dass damit das Eigenkapital aufgebraucht wird und die Verluste zu einem nichtgedeckten Fehlbetrag führen.

269 In der Begründung des Urteils[19] wird klar hervorgehoben, dass Steuerberaterinnen und Steuerberater im Dauermandat eine Sachverständigenposition mit besonderer Kontrollpflicht innehaben. Entgegen der ursprünglichen Meinung, dass ein Dienstleistungsvertrag nach § 611 ff. BGB die alleinige Basis des (Dauer-)Mandats ist und die freiwillige Beistandspflicht ein Zubrot der Berufsordnung bleibt, wird mit dem BGH-Urteil klar, dass Steuerberaterinnen und Steuerberater eine umfassende Warnpflicht als Nebenpflicht aus einem Dauermandat auch unterjährig zu erfüllen haben.

11.3.2 § 142 InsO – Vorkasse/Bargeschäft

270 Die Feststellung einer buchmäßigen Überschuldung im Rahmen des Auftrags zur Erstellung des Jahresabschlusses führt dazu, dass Steuerberaterinnen und Steuerberater „bösgläubig" hinsichtlich der wirtschaftlichen Situation ihrer Mandantin werden. Die Bösgläubigkeit führt dazu, dass wenn die Honorarrechnung auf einer normalen Abrechnung nach Abschluss der Arbeiten beruht, die Insolvenzverwaltung in einem späteren Insolvenzverfahren das gezahlte Honorar anfechten kann.

271 Entgegen der bis 2017 herrschenden Meinung ist die Feststellung einer buchmäßigen Überschuldung ein klares Indiz für die Verschlechterung der wirtschaftlichen Lage des Mandantenunternehmens. Die Erkenntnis, dass sich das Mandantenunternehmen damit in einer Krise befindet, zwingt Beraterinnen und Berater besonders in einem Dauermandat dazu, das Abrechnungssystem komplett auf Vorkasse umzustellen, damit hier die Honorarzahlungen insolvenzsicher sind und nicht nach §§ 129 bis 133 InsO der potenziellen Anfechtung unterliegen.

272 Der Gesetzgeber hat mit dem § 142 InsO eine Möglichkeit geschaffen, dass auch Beraterinnen und Berater mit oder ohne Dauermandat die Sicherheit haben, ihre Leistungen gegenüber der Mandantin abzurechnen, ohne später im eröffneten Verfahren von der Insolvenzverwaltung im Rahmen der Anfechtung in Anspruch genommen zu werden.

273 In § 142 InsO definiert der Gesetzgeber das Bargeschäft. Danach liegt ein Bargeschäft vor, wenn die Mandantin aufgrund einer Vereinbarung mit der Steuerberaterin oder dem Steuerberater in engem zeitlichen Zusammenhang mit seiner Zahlung eine gleichwertige Gegenleistung erhalten soll. Das heißt, bei der An-

19 BGH v. 26.01.2017 – IX ZR 285/14, WM 2017, 383 = Stbg 2017, 180.

nahme eines Auftrags zur Erstellung eines Jahresabschlusses in Kenntnis der Krise des Mandantenunternehmens, sollten zwischen dem Eingang des Vorschusses und dem Beginn der Arbeiten (vorausgesetzt die nötigen Unterlagen und Informationen liegen vor) nicht mehr als 7 bis 14 Tage vergehen.

Zwar gibt es auch andere Meinungen, die von einem Zeitraum von bis zu 30 Tagen ausgehen, jedoch hängt dies grundsätzlich im Wesentlichen von der Art der ausgetauschten Leistung ab und in welcher Zeitspanne sich der Austausch nach den Gepflogenheiten des Geschäftsverkehrs normalerweise vollzieht. 274

Als Faustformel ist festzuhalten: 275

Je früher eine Gegenleistung nach Vorkasse erbracht wird, desto sicherer ist der Zahlungseingang vor einer späteren Anfechtung.

Grundsätzlich bedeutet die Umstellung der Honorarzahlung auf Vorschuss, dass Steuerberaterinnen und Steuerberater oder sonstige wirtschaftliche und rechtliche Beraterinnen und Berater im Vorfeld eine konkrete Vorgabe der geplanten Leistungen im Rahmen einer Vorschussrechnung ausweisen sollten. Dabei muss in der Rechnung sichtbar das Wort „Vorschuss“ vermerkt sein. 276

Es ist darauf zu achten, dass keine etwaigen weiteren Zahlungsanweisungen auf ältere Rechnungen oder die Vermischung und Vermengung mit bereits geleisteten Arbeiten und damit verbundenen Abrechnungen erfolgen. Dies kann zu späteren Problemen bzgl. einzelner Arbeitsnachweise führen. Ein späterer Insolvenzverwalter wird im Rahmen der Anfechtungsprüfung die konkreten Vorschussrechnungen auf Inhalt der abgerechneten Leistungen und Zweckmäßigkeit gem. § 142 InsO genau überprüfen. 277

Eine Vermischung und Vermengung von bereits erbrachten Leistungen mit der Vorschussrechnung gefährdet den Bargeldcharakter des § 142 InsO und führt ggfs. zum Verlust der Schutzwirkung des Bargeschäfts im Falle einer Anfechtung. 278

Bösgläubigkeit und Sonderwissen führen ebenso zum Verlust der Schutzwirkung des § 142 InsO. 279

Die Schutzwirkung des § 142 InsO geht im Falle der Kenntnis über die Insolvenzreife verloren, sofern Steuerberaterinnen und Steuerberater trotz allem die laufende Buchhaltung oder andere Arbeiten fortgeführt haben. 280

Nach dem Willen des Gesetzgebers sind Vorschusszahlungen dann nicht mehr anfechtungssicher, wenn die dahinterstehende Leistung von vornherein wirtschaftlich unzweckmäßig erscheint und/oder im Rahmen einer rechtlichen Unmöglichkeit (Kenntnis der Insolvenzsituation des Mandantenunternehmens) die Arbeit und das Verhalten des Dienstleisters möglicherweise eine Beihilfe zur Insolvenzverschleppung der Geschäftsführung des Schuldnerunternehmens darstellen. 281

Eine fehlende positive Fortbestehensprognose bei Überschuldung führt ebenfalls zum Wegfall des Anfechtungsschutzes. 282

283 Wird im Rahmen der Erstellung des Jahresabschlusses festgestellt, dass das Mandantenunternehmen buchmäßig überschuldet ist, ist die Vorlage einer positiven Fortbestehensprognose zwingend notwendig, um die Bilanz nach Fortführungswerten aufzustellen und eine mögliche Insolvenzantragspflicht zu neutralisieren.

284 Sollte die Fortbestehensprognose selbst unter möglichen Auflagen nicht positiv sein, besteht die Verpflichtung der Steuerberaterin oder des Steuerberaters, den Jahresabschluss unter Zerschlagungswerten aufzustellen. Das zieht dann unweigerlich die Insolvenzantragspflicht der Geschäftsführung einer Kapitalgesellschaft nach sich.

285 Unter diesen Umständen ist dann die Weiterführung des Dauermandats höchst risikobehaftet. Sowohl die Problematik einer Überprüfung durch die Staatsanwaltschaft im Rahmen eines Ermittlungsverfahrens bzgl. einer Insolvenzverschleppung, als auch die sehr erfolgsversprechende Anfechtung des Honorars durch den späteren Insolvenzverwalter – selbst bei vorliegender Vorschussabrede – wäre gegeben.

286 Der Anfechtungsschutz geht ebenfalls unter, wenn offensichtlich ist, dass die nachstehenden Leistungen in keinem Fall mehr dazu dienen, die Insolvenzreife des Mandantenunternehmens zu neutralisieren und/oder möglicherweise im Rahmen von Sanierungsbemühungen zu unterstützen.

11.3.3 Schwächen in der Buchführung und bei der Bilanzerstellung

287 In der Praxis ist häufig festzustellen, dass bei aktivierten Forderungen, die gegen geschäftsführende Gesellschafterinnen und Gesellschafter oder nahestehende Personen aus dem Gesellschafterkreis gerichtet sind, trotz Unmöglichkeit einer Zahlung/eines Ausgleiches an das schuldnerische Unternehmen keine Wertberichtigungen durch Steuerberaterinnen und Steuerberater vorgenommen werden.

11.3.4 Fachliche Aussage bei Feststellung der Insolvenzreife

288 Bei einer direkten Nachfrage der Geschäftsführung des Mandantenunternehmens zur Insolvenzreife der Gesellschaft müssen Steuerberaterinnen und Steuerberater entweder unter Ablehnung einer eigenen Stellungnahme auf den Rat eines fachkundigen Dritten verweisen oder aber ihre (fachliche) Stellungnahme dazu muss vollständig und richtig sein.

289 Die schleichende Entwicklung einer Insolvenz bei einem Mandantenunternehmen wird durchaus oft willentlich ignoriert, weil ansonsten möglicherweise ein lukratives Mandat wegfällt. Trotz wirtschaftlicher Schwierigkeiten wirren sich viele Unternehmen (oft Zombieunternehmen) lange genug durch ihre Schwierigkeiten und zahlen zum Teil sogar noch die Honorare an Steuerberaterinnen und Steuerberater – die letzten Verbündeten.

11.3.5 Dauernde Pflicht der wirtschaftlichen Kontrolle einer in Schwierigkeiten befindlichen Mandantin

Da die meisten Unternehmen eben nicht erst dann insolvenzreif werden, wenn der Jahresabschluss erstellt wird, sind Steuerberaterinnen und Steuerberater bei Beauftragung der Erstellung des Jahresabschlusses und der monatlichen Buchführung dazu angehalten, die Entwicklung des Eigenkapitals und der erwirtschafteten Gewinne und Verluste zu überwachen und im Falle der bilanziellen Überschuldung entsprechende Warnhinweise zu erteilen. 290

Bei der monatlichen Übersendung der BWA und SuSa müssen Steuerberaterinnen und Steuerberater Erklärungen abgeben und warnen, dass bei fortlaufenden Verlusten, es entweder zu einem nicht durch Eigenkapital gedeckten Fehlbetrag kommen wird oder sich dieser Fehlbetrag um einen bereits vorhandenen (und insolvenzrechtlich abgesicherten) Betrag erhöht (vgl. Ausführungen zur positiven Fortbestehensprognose). 291

11.3.6 Das Dauermandat als Fallstrick

Die beschriebene Entwicklung der Rechtsprechung hinsichtlich der Begleitung durch Steuerberaterinnen und Steuerberater bei Dauermandaten spricht dafür, dass sowohl betriebswirtschaftliche als auch rechtliche Gründe vorliegen können, die Steuerberaterinnen und Steuerberater zu einer umfassenden Warnung als Nebenpflicht aus dem Dauermandat verpflichten. 292

11.3.7 Mögliche Haftung für anteilige Insolvenzverschleppung

In der Praxis werden Insolvenzverwalterinnen und Insolvenzverwalter vermeintlichen Schadenspositionen der Geschäftsführung gegen steuerliche Beraterinnen und Berater auch konsequent durchsetzen können, soweit sie sich diese Ansprüche abtreten lassen. 293

Die Geschäftsführung wird meist schon deshalb dem Vorgehen der Insolvenzverwaltung folgen, um selbst Entlastung auf der Haftungsebene zu erreichen und ggfs. durch Kooperationen für andere Bereiche gewisse Erleichterungen zu erhalten. So kann ein wesentliches Angebot der Erleichterung sein, dass die Insolvenzverwaltung im Falle der Abtretung von Ansprüchen der Geschäftsführung gegen die Steuerberaterin oder den Steuerberater auf die Geltendmachung von Haftungsansprüchen nach § 15a InsO gegen die Geschäftsführung verzichtet. Ansprüche gegen die Geschäftsführung sind oft nicht besonders werthaltig. Im Gegenzug wird die Geschäftsführung motiviert sein, der Insolvenzverwaltung unterstützend bei der Durchsetzung der Ansprüche gegen Beraterinnen und Berater zur Verfügung zu stehen. 294

11.3.8 Welche schuldhafte Pflichtverletzung kann der Berater begehen?

295 Hier sind ganz klar

- die Pflichtverletzungen im Zuge fehlerhafter Bilanzierungen,
- die nicht angezeigten oder vergessenen Hinweispflichten einer insolvenzrechtlichen Überschuldung und
- die fehlerhafte bzw. unterlassene Beratung, wenn die Geschäftsführung die Steuerberaterin oder den Steuerberater mit der Frage der Insolvenzreife konfrontiert

zu benennen.

11.4 Schadensersatzberechnung/Quotenschadenhaftung

296 Die Quotenschadenhaftung bzw. der Insolvenzvertiefungsschaden umfasst den Schaden, der durch die versäumte oder verspätete Beantragung eines Insolvenzverfahrens entstanden ist. Die Faustformel zur Bestimmung des Quotenschadens, die es sich zu merken lohnt, lautet:

297 Die Erhöhung der Gläubigerforderungen bzw. die Minderung der letztendlichen Quote im Insolvenzverfahren vom tatsächlichen Zeitpunkt des Vorliegens eines Insolvenzgrundes (Antragspflicht) bis zur letztendlichen Beantragung auf Eröffnung des Insolvenzverfahrens über das Vermögen des Unternehmens, ergibt den Vertiefungsschaden.

298 Die genaue Berechnung des Quotenschadens ist sehr schwierig. Es muss zunächst festgestellt werden, zu welchem Zeitpunkt ein Insolvenzantrag hätte gestellt werden müssen und welcher genaue Schaden aus der Verzögerung entstanden ist.

299 Trotz der Schwierigkeiten bei der Berechnung eines Quotenschadens wird in diesen Fällen kaum davon abgesehen werden, da nicht nur Gläubiger benachteiligt wurden, sondern die insolvenzrechtliche Verwaltungsorganisation gestört und unterlaufen wurde. Weiterhin ist davon auszugehen, dass sich die Staatsanwaltschaft ebenfalls mit dem Sachverhalt auseinandersetzen wird. Allein der Bericht der Insolvenzverwaltung wird ausreichend sein, damit die Staatsanwaltschaft im Rahmen des Anfangsverdachts einer Insolvenzverschleppung Ermittlungen aufnimmt.

300 Im Falle einer generell verspäteten Insolvenzantragsstellung, die Beraterinnen und Berater (mit) zu verantworten haben (z. B. durch Versäumnis der Hinweispflicht oder Erstellung einer fehlerhaften Bilanz), stellt sich die Berechnung des Quotenschadens noch schwieriger dar. Es muss nicht nur der Zeitpunkt bestimmt werden, seit wann das Unternehmen antragspflichtig war, sondern auch die Frage geklärt werden, wie viel Schuld die Beraterin oder der Berater an der verspäteten Beantragung trägt.

Kern jeder Haftung ist dabei der Nachweis einer Kausalität zwischen der vermeintlichen Pflichtverletzung (mangelhafter Jahresabschluss oder unterlassene Hinweispflicht) und dem entstandenen Schaden. 301

12 Pensionszusagen als Insolvenzantragsrisiko – zur bilanziellen Überschuldung von Unternehmen mit Pensionsverpflichtungen

12.1 Ein Trend aus der Vergangenheit holt Unternehmen aktuell vielseitig ein

Waren in der Vergangenheit Pensionszusagen als Altersvorsorge in mittelständischen Betrieben gerade für die GmbH-Geschäftsführung und das Führungspersonal sowohl ein gern gelebtes „Steuersparmodell" als auch eine indirekte Entlohnung, so werden diese Modelle heute für die Unternehmen häufig zu insolvenzrechtlich relevanten Problemen. 302

Die regulativen Rahmenbedingungen, speziell die des Handelsrechts, haben sich in den letzten Jahren deutlich geändert – nicht zuletzt durch das im Jahre 2009 erlassene Bilanzrechtsmodernisierungsgesetz (BilMoG), wo Rückstellungswerte in Steuer- und Handelsbilanz differenziert bewertet werden müssen! Durch verschiedene Wertansätze im Zinsbereich führt dies in der Regel zu einer deutlichen Erhöhung der Rückstellungen in der Handelsbilanz, was wiederum unmittelbar zulasten des in der Handelsbilanz ausgewiesenen Eigenkapitals geht. 303

Auch eine generelle Veränderung der Märkte, Verkleinerung der Unternehmen und veränderte Strukturen haben darüber hinaus zu veränderten wirtschaftlichen Rahmenbedingungen geführt. So haben viele der mittelständischen Betriebe, bei denen eine Pensionszusage für die Geschäftsleitung zugesagt war, heute nicht mehr die Ertragskraft, um zum Beispiel eine Pensionsverpflichtung ohne Rückdeckungsversicherung regelmäßig bedienen zu können. 304

12.2 Schwacher Basiszins verstärkt das Problem schleichend

Viele früher sehr ertragreiche Unternehmen haben Pensionszusagen vereinbart und schon damals auf eine Verlaufsanalyse verzichtet. Selbst bei gleichbleibender Verzinsung hat sich aber mittlerweile das notwenige Kapital für eine lebenslange Rente um das etwa zweieinhalbfache erhöht. 305

Neben diesen unzureichenden Kapitalanlagen und in diesem Zuge falsch kalkulierten Kapitalrückdeckung haben auch die verringerten Basiszinsen dazu geführt, dass die meisten Rückdeckungsversicherungen niemals ausreichen werden, um die Pensionsverpflichtungen zu decken. Denn der Rückstellungsverlauf einer auf ein Leben ausgelegten Zusage gestaltet sich progressiv, bedeutet in der Praxis, dass sich der Anstieg der Rückstellungen in den letzten 10 Jahren von Rentenbeginn nahezu verdoppelt. Diese nun zur Überwindung der Zinsschwäche benötigten Erträge werden in der Praxis nur noch im Ausnahmefall erwirtschaftet werden können. 306

12.3 Probleme bei der Bilanzaufstellung von krisenbehafteten Unternehmen wegen Pensionsverpflichtungen

307 Mit dem BGH-Urteil IX ZR 285/14 vom 26.01.2017 haben sich die Vorgaben bei der Erstellung handelsrechtlicher Jahresabschlüsse für die steuerlichen Beraterinnen und Berater bei Erkennen einer buchmäßigen Überschuldung radikal geändert. Gab es in der Vergangenheit gewisse Freiheiten bei Kenntnis einer buchmäßigen Überschuldung einer Kapitalgesellschaft, argumentieren Richterinnen und Richter in besagtem Urteil sehr drastisch und räumen den steuerlichen Beraterinnen und Beratern bei Falsch- oder Schlechtberatung im Rahmen der Bilanzerstellung eine empfindliche Mithaftung ein.

308 Dies führt dazu, dass die Herausgabe von Bilanzen mit ausgewiesener buchmäßiger Überschuldung zu Fortführungswerten nicht mehr möglich ist. Genau hier setzt aber das Problem bei vielen Unternehmen ein, die Pensionsverpflichtungen für Geschäftsleitung oder Mitarbeiterinnen und Mitarbeiter eingegangen sind. Die hohen Pensionsverpflichtungen führen sehr oft zu einer buchmäßigen Überschuldung und es gibt kaum Möglichkeiten, diese Überschuldung – meist ausgehend aus der Deckungslücke zwischen niedriger Abdeckungsversicherung und höherer Pensionszusagen – ohne einschneidende Maßnahmen zu neutralisieren.

309 Sollte es dann noch so sein, dass das Unternehmen wirtschaftlich angeschlagen ist und sich in einer krisenbehafteten Situation befindet, weil zum Beispiel Umsätze rückläufig, Erträge seit längerem nicht mehr vorhanden und auch in der Zukunft nicht in der benötigten Höhe zu realisieren sind, verstärkt sich der Druck auf die erheblich.

310 Das Gesetz zwingt nicht nur die Geschäftsleitung von Kapitalgesellschaften dazu, die Fortführung der Kapitalgesellschaft auch unterjährig im Rahmen der Kapitalentwicklung zu kontrollieren, sondern diese Verpflichtung fällt wie hinlänglich beschrieben auch auf die Mitglieder der steuerberatenden Berufe zurück, wenn sie auch die monatliche Buchhaltung einer Kapitalgesellschaft übernommen haben.

12.4 Handelsrechtliche Auswirkungen führen zu buchmäßiger Überschuldung

311 Wie bereits erwähnt, führen die abweichenden bilanziellen Ansätze im Zuge der Handelsbilanzaufstellung durch den unvorteilhaften Basiszins zu einer Belastung des Eigenkapitals. Der dann in der Regel hinzukommende Rückstellungsmangel führt schnell zu einer bilanziellen Überschuldung des Unternehmens und zwingt die Geschäftsführung und die entsprechenden Beraterinnen und Berater zum Handeln.

312 Denn wenn eine bilanzielle Überschuldung durch das Auflaufen der Pensionszusagen eingetreten ist und vermutlich eine positive Fortbestehensprognose nicht mehr erstellt werden kann, weil die benötigte Liquidität und zur Rückstel-

lung benötigten Erträge nicht in ausreichendem Maße vorhanden sind, gibt es keine sanften Gestaltungsspielräume mehr, um eine Insolvenzantragspflicht zu vermeiden.

12.5 Verzehr des bilanziellen Eigenkapitals und Ausweitung einer buchmäßigen Überschuldung

Es besteht der Zwang seitens steuerlicher Beraterinnen und Berater auf die bilanzielle Überschuldung und damit ggfs. verbundene Insolvenzantragspflicht (mangels positiver Fortbestehensprognose) hinzuweisen. Beraterinnen und Berater dürfen die Bilanz dazu auch nur noch zu Zerschlagungswerten aufstellen. Alles andere führt zu empfindlichen Haftungsrisiken im Zuge der späteren Prüfungen und Ermittlungen in den Bereichen Gläubigerbenachteiligung und Insolvenzverschleppung. 313

12.6 Insolvenzantragspflicht bei negativer Fortbestehensprognose

Es ist deshalb zwingend notwendig, bei Mandantenunternehmen, die in den letzten Jahren deutliche Umsatz- bzw. Ertragsverluste erlitten haben und deren Pensionszusagen möglicherweise dadurch weit von der angesparten Rückdeckungsversicherung entfernt sind, frühzeitig die beschriebenen Probleme zu überprüfen und gegebenenfalls zu restrukturieren und/oder Sanierungsmaßnahmen einzuleiten, um die Probleme zu lösen. Denn ohne eine positive Fortbestehensprognose kann die bilanzielle Überschuldung nicht neutralisiert werden und erwächst zum Insolvenzantragsgrund. 314

12.7 Sanierung/Erhalt des Unternehmens durch Verzicht/Erlass

Eine sich in der Praxis bewährte Strategie ist ein Verzicht auf Teile oder eben die gesamte Pensionszusage. Dieser Verzicht, wenn keine anderen bilanziellen oder wirtschaftlichen Probleme vorliegen, führt im Idealfall zu einer Beseitigung der bilanziellen Überschuldung. 315

12.8 Verzichts- bzw. Teilverzichtserklärungen entfalten steuerliche Risiken

Der Verzicht bzw. Teilverzicht auf Pensionszusagen bewirkt einen außerordentlichen Ertrag bei dem Mandantenunternehmen, der in der Regel Zahlungspflichten im Zuge von Körperschaftsteuer und Gewerbesteuer auslösen kann. Hierbei ist im Vorfeld zu prüfen, ob möglicherweise Verlustvorträge zur Verfügung stehen, die die Steuerpflicht teilweise oder ganz neutralisieren und/oder ob das Unternehmen in der Lage ist, die Steuerpflicht aus vorhandener Liquidität zu bedienen. In jedem Fall müssen bei Verzichts- bzw. Teilverzichtserklä- 316 rungen im Vorfeld die steuerlichen Auswirkungen im Mandantenunternehmen genauestens geprüft werden.

317 Bekanntlich entfalten sich diese nicht nur in der Steuerbilanz des betroffenen Unternehmens, sondern auch in den Einkommensteuererklärungen der pensionsbegünstigten Person. Hier ist ebenfalls im Vorfeld durch die steuerlichen Beraterinnen und Berater die Rückforderung des Finanzamts zu ermitteln und mit der Mandantin abzustimmen. Meist sind aber schmerzliche Steuernachzahlungen besser in Kauf zu nehmen als die Eröffnung eines Insolvenzverfahrens über das Vermögen des Unternehmens und der damit häufig verbundene Verlust des gesamten Unternehmens. Idealerweise sollten hier die Beraterinnen und Berater der verschiedenen Bereiche gemeinschaftlich den für die Mandantschaft sowohl privat also auch gewerblich den sinnvollsten Weg wählen und umsetzen.

12.9 Auslagerung von Pensionszusagen

318 Eine weitere Möglichkeit, die Handelsbilanz des überschuldeten Unternehmens zu entlasten ist, die Pensionszusage auf einen Pensionsfond auszulagern. Das ist auch die gängigste Art, um ein Unternehmen letztlich von der dauernden Last zu befreien. Die Restrukturierung eines Unternehmens durch Auslagerung auf einen Pensionsfond ist jedoch nicht unproblematisch. Das Unternehmen muss nämlich in der Lage sein, einen bestimmten Teil der Summe, die nicht von der Rückdeckungsversicherung abgedeckt ist, im Rahmen einer solchen Auslagerung aufzubringen und nachzuzahlen. Die Auslagerung auf einen Pensionsfond muss daher unbedingt von entsprechenden Spezialisten begleitet werden. Wie immer gibt es hier eine Anzahl von Pensionsfonds, die natürlich miteinander konkurrieren. Grundsätzlich muss das Unternehmen in der Lage sein, die ausgerechnete Nachschusspflicht entsprechend zu begleichen. Reicht die Liquidität des Unternehmens nicht aus, müssen möglicherweise über die beziehende Person Zuschüsse in Form von Gesellschafterdarlehen realisiert werden. Auch die Auslagerung auf eine Unterstützungskasse ist eine Alternative. Aber auch hier muss eine entsprechende Rückdeckungsversicherung in berechneter Höhe vorhanden sein. Beide Möglichkeiten der Auslagerung funktionieren nur, wenn das Unternehmen oder die beziehende Person die errechneten Defizite zwischen Rückdeckungsversicherung und Pensionszusage ausgleichen kann.

12.10 Schlussfolgerung

319 Immer häufiger sehen sich die Autoren bei der Betreuung und Beratungen ihrer Mandantinnen in den Bereichen Insolvenz, Sanierung, Liquidation und Unternehmensnachfolge mit genau diesem Thema konfrontiert. Unternehmerinnen und Unternehmer sowie die Geschäftsführung trifft dieses schwerwiegende Problem meist unvorbereitet und bedeutet in der Regel eine genaue Aufarbeitung der Situation. Denn gerade im Bereich der Unternehmensnachfolge ist eine unzureichende Pensionsrückstellung ein K.O.-Kriterium, da keine an einem

Kauf oder einer Investition interessierte Person eine solche Belastung übernehmen möchte.

13 Gesetzgeber zwingt Kapitalgesellschaften zur Implementierung und Nutzung von Krisenfrüherkennungssystemen

13.1 Gesetzliche Grundlage

Mit Inkrafttreten des Unternehmensstabilisierungs- und -restrukturierungsgesetzes (StaRUG) am 01.01.2021 hat der Gesetzgeber die Einführung eines Krisenfrüherkennungssystems für die Geschäftsleitung haftungsbeschränkter Rechtsträger verpflichtend angeordnet. Im Gesetzestext heißt es: 320

> *„Die Mitglieder des zur Geschäftsführung berufenen Organs einer juristischen Person (Geschäftsleiter) wachen fortlaufend über Entwicklungen, welche den Fortbestand der juristischen Person gefährden können. Erkennen sie solche Entwicklungen, ergreifen sie geeignete Gegenmaßnahmen und erstatten den zur Überwachung der Geschäftsleitung berufenen Organen (Überwachungsorganen) unverzüglich Bericht. Berühren die zu ergreifenden Maßnahmen die Zuständigkeiten anderer Organe, wirken die Geschäftsleiter unverzüglich auf deren Befassung hin."*

13.2 Existenzbedrohende Risiken überwachen

Das System soll dazu dienen, existenzbedrohende Risiken zu überwachen, ein sogenanntes Krisenfrühwarnsystem zu nutzen und bei Krisenanzeichen gegebenenfalls zu steuern und angemessen reagieren zu können. Ziel ist es, die Geschäftsleitung in die Lage zu versetzen, Risiken, die oft unterschätzt oder übersehen werden, rechtzeitig zu erkennen. 321

Mit der Einführung des StaRUG will der Gesetzgeber Unternehmen und Gläubiger schützen und die Zahl der Unternehmensinsolvenzen oder -liquidationen durch entsprechende Regelungen minimieren bzw. Masseverluste zu vermeiden. 322

13.3 Konsequenzen einer Warnung

Wird aufgrund von Informationen aus diesem Frühwarnsystem eine Krise erkennbar, muss die Geschäftsleitung rechtzeitig geeignete Gegenmaßnahmen ergreifen (vgl. § 1 Abs. 1 Satz 2 StaRUG). Die ergriffenen Maßnahmen richten sich nach den Erfordernissen der individuellen Situation. Im Zweifelsfall muss die Geschäftsleitung externen Rat von Experten einholen. 323

13.4 Freie Wahl des Umgangs und der Form

Geschäftsführungen stehen nun jedoch vor der Herausforderung, dass sie dieses verpflichtende Instrument nicht oder nicht in geeignetem Maße einführen und sich somit selbst angreifbar machen. 324

325 Der Gesetzgeber gibt selbst keine Vorgaben, wie das Frühwarnsystem auszusehen hat, sondern weist in § 101 StaRUG lediglich auf die Website des Bundesministeriums der Justiz und für Verbraucherschutz und die durch öffentliche Stellen bereitgestellten Instrumente zur frühzeitigen Identifizierung von Krisen hin.

13.5 Neuer IDW-Standard gibt Aufschluss

326 Inhaltlich lehnt sich die Regelung zur Einführung von Krisenfrühwarnsystemen an die geltende Pflicht für den AG-Vorstand aus § 91 Abs. 2 AktG zur Risikofrüherkennung an.

327 Es ist daher empfehlenswert, sich hier am IDW PS 340 n. F. (01.2022) zu orientieren, da grundsätzlich anzunehmen ist, dass ein Krisenfrüherkennungssystem nach § 91 Abs. 2 AktG bzw. nach den Grundsätzen des IDW PS 340 n. F. zugleich die Anforderungen des § 1 Abs. 1 StaRUG erfüllt.

328 In seinem Kern behandelt der IDW PS 340 n. F. die Definition der Ziele und Organisation der Maßnahmen, die Risikoidentifikation, die Risikobewertung, sowie die Risikosteuerung und die Risikokommunikation. Des Weiteren ist die Festlegung von Überwachungsfunktionen und Zuständigkeiten ein zentrales Element.

13.6 Empfehlung zur Systemimplementierung durch fachkundige Dritte

329 Es empfiehlt sich, dieses System mit Hilfe eines unabhängigen Dritten zu entwickeln, der die Eignungsfähigkeit des Krisenfrühwarnsystems prüft, um die Geschäftsleitung im Falle eines möglichen Regressanspruchs zu exkulpieren – jedoch Vorsicht: Dies nimmt die Geschäftsleitung nicht aus der Pflicht, die Risiken laufend zu überwachen und bei Bedarf Maßnahmen anzupassen oder anzustoßen.

13.7 Entsprechende Reaktion bleibt oft aus

330 In der Praxis geschieht es jedoch nicht selten, dass der Geschäftsleitung das Ausmaß der Krise nicht bewusst ist oder fahrlässig übersehen wird, ohne geeignete Gegenmaßnahmen einzuleiten. Insbesondere kleine und mittelständische Unternehmen unterschätzen oftmals die Wichtigkeit und den Aufwand zur Überwachung der Risiken.

331 Rechtzeitiges Handeln kann jedoch dafür sorgen, eine Unternehmensinsolvenz zu vermeiden.

13.8 Strafrechtliche und zivilrechtliche Risiken bei Unterlassen

Die Vernachlässigung von Obliegenheiten kann zu entsprechenden Haftungsproblematiken führen. Der Geschäftsleitung droht eine zivilrechtliche Haftung, wenn die Krisenwarnpflicht nicht oder nicht ordnungsgemäß erfüllt wird, sofern dem Unternehmen oder Gläubigern ein Schaden entsteht und dieser durch die frühzeitige Erkennung der Krise hätte verhindert oder verringert werden können. 332

Es können neben einer zivilrechtlichen Haftung auch strafrechtliche Konsequenzen drohen, welche sich aus § 15a InsO ergeben: Mit Freiheitsstrafe bis zu drei Jahren oder mit Geldstrafe wird bestraft, wer einen Eröffnungsantrag nicht oder nicht rechtzeitig oder nicht richtig stellt. 333

13.9 Insolvenzrechtliche Expertise gefragt

Die Autoren empfehlen daher, dass ein Gutachten gem. IDW PS 340 n.F. mit externer Hilfe erstellt wird, um den Grundstein zur Krisenfrüherkennung zu legen. Es ist jedoch von äußerster Wichtigkeit, dass das dann eingeführte System zur Krisenüberwachung fortlaufend genutzt und überwacht wird. 334

14 Fazit

Durch das BGH-Urteil[20] vom 26.01.2017 und dessen Verankerung in § 102 StaRUG wurden die Pflichten der Steuerberaterinnen und Steuerberater konkretisiert. Die Rechtsprechung des BGH und die gesetzliche Grundlage zur Beraterhaftung gibt den Insolvenzverwaltern und Insolvenzverwalterinnen die Möglichkeit, durch Anfechtung zum einen und durch Ausgleichsforderungen von Quotenschäden zum anderen, die Masse anzureichern. 335

Die Rechtsprechung des BGH und das StaRUG zwingen Steuerberaterinnen und Steuerberater dazu, die Insolvenzreife der im Dauermandat betreuten Gesellschaften regelmäßig zu überwachen und sofort Warnhinweise zu geben, falls etwaige Insolvenzindizien erkennbar sind. 336

Die nachhaltige und schriftliche Warnung an die Geschäftsführung des Mandantenunternehmens ist dabei zwingend erforderlich. 337

Die ehemals eher weite Regulierung zur Neutralisierung der Überschuldungssituation und auch die nachfolgenden Vorgaben der stufenweisen Überprüfung haben sich mit dem BGH-Urteil und der Einführung des StaRUG nicht nur überholt, sondern werden faktisch durch die erzwungene Liquiditätsprüfung nahezu obsolet. 338

Findet in den Kreisen der Steuerberaterinnen und Steuerberater und sonstigen wirtschaftlichen und rechtlichen Beraterinnen und Berater nicht alsbald ein Umdenken statt, werden auch weiterhin große Haftungsrisiken auf die Beraterinnen und Berater zukommen, wenn hier nicht die verpflichtenden Konsequenzen des BGH-Urteils und die Vorgaben des § 102 StaRUG im Umgang mit krisenbehafteten Mandantenunternehmen konsequent umgesetzt werden. 339

Es ist wünschenswert, dass aufgrund des deutlich höheren Haftungsrisikos, Steuerberaterinnen und Steuerberater viel eher Sanierungschancen prüfen und mittelbar umsetzen, damit Honoraranfechtungen und Insolvenzvertiefungsschäden nachhaltig reduziert werden können. 340

In der Vergangenheit sind immer wieder Fälle bekannt geworden, in denen Beraterinnen und Berater aufgrund der besonderen Situation, der langjährigen Zusammenarbeit und persönlichen Kontakte, ihre Betreuung und Beratung von schon längst insolvenzreifen Mandantenunternehmen über lange Zeit aus Gefälligkeit fortgeführt haben. 341

Beraterinnen und Berater müssen sich in jedem Mandat dringend bewusst machen, dass sich beim Vertun entsprechender Sanierungsmöglichkeiten das Risiko einer möglichen Haftung deutlich erhöht. 342

Aufgrund der hinreichend behandelten Rechtsprechung und gesetzlichen Regelungen ist unter solchen Umständen das (Dauer-)Mandat konsequent niederzu- 343

20 BGH v. 26.01.2017 – IX ZR 285/14, WM 2017, 383 = Stbg 2017, 180.

legen, um die Geschäftsführung des krisenbehafteten Unternehmens nicht weiter in dem Entschluss zu bestärken, die Beantragung eines Insolvenzverfahrens zu unterlassen.

344 Je frühzeitiger die richtigen Konsequenzen gezogen werden, desto besser sind die Chancen, ein Unternehmen z. B. über ein Insolvenzverfahren in Eigenverwaltung zu sanieren.

Stichwortverzeichnis

Die Zahlen verweisen auf Randnummern.

U

V

W

Z

Zu den Autoren

Thomas Uppenbrink, Insolvenzverwalter, ist geschäftsführender Gesellschafter der Thomas Uppenbrink & Collegen GmbH mit den Tätigkeitsschwerpunkten Insolvenzverwaltung, Unternehmenssanierung, Entschuldungsstrategien und Krisenmanagement. Er ist regelmäßig bei den berufsspezifischen Verbänden für Steuerberater, Wirtschaftsprüfern, vereidigte Buchprüfer und bildenden Institutionen als Referent für Fort- und Weiterbildung tätig. Er ist Herausgeber eines monatlichen Newsletters zu den Themen Insolvenz, Sanierung und Haftungsprophylaxe und Autor einer Reihe von Fachbüchern mit den Themenschwerpunkten Sanierung, Insolvenz und Eigenverwaltung.

Sebastian Frank, Sanierungsberater, ist kaufmännischer Angestellter der Thomas Uppenbrink & Collegen GmbH mit den Tätigkeitsschwerpunkten Unternehmenssanierung, Entwicklung von Entschuldungsstrategien, Vorbereitung und Begleitung von Insolvenzverfahren in Eigenverwaltung sowie Kreditoren- und Debitorenmanagement. Sebastian Frank ist Autor vielseitiger Fachbücher zu den Themen Sanierung, Insolvenz und Eigenverwaltung.